Paix sur la Guerre

Ce livre a pu bénéficier du soutien du ministère de la Fédération Wallonie-Bruxelles, du service de la Promotion des Lettres et de la Commission des Lettres qui, sur base du synopsis, accorda à l'auteur une bourse d'aide à la création.

D/2019/4910/65   ISBN : 978-2-8061-0499-1

© Academia – L'Harmattan s.a.
Grand'Place, 29
B-1348 Louvain-la-Neuve

Tous droits de reproduction, d'adaptation ou de traduction, par quelque procédé que ce soit, réservés pour tous pays sans l'autorisation de l'éditeur ou de ses ayants droit.

www.editions-academia.be

Jean-Paul Mahoux

Paix sur la Guerre

Roman

À toi avec qui j'ai tant vécu

et qui avais vécu ce temps.

Du même auteur

L'heure des Djinns, roman, Paris, L'Harmattan, coll. « Amarante », 2016, 240 p.

PREMIÈRE PARTIE
MAGIE ALLEMANDE

Bierstube Magie allemande
Et douces comme un lait d'amandes
Mina Linda lèvres gourmandes
Qui tant souhaitent d'être crues
À fredonner tout bas, s'obstinent
L'air Ach du lieber Augustin
Qu'un passant siffle dans la rue

Sofienstrasse, ma mémoire
Retrouve la chambre et l'armoire
L'eau qui chante dans la bouilloire
Les phrases des coussins brodés
L'abat-jour de fausse opaline
Le Toteninsel de Boecklin
Et le peignoir de mousseline
Qui s'ouvre en donnant des idées

Au plaisir prise et toujours prête
O Gaense-Liesel des défaites
Tout à coup, tu tournais la tête
Et tu m'offrais comme cela
La tentation de ta nuque
Demoiselle de Sarrebrück
Qui descendais faire le truc
Pour un morceau de chocolat

Et moi pour te juger qui suis-je ?
Pauvres bonheurs pauvres vertiges
Il s'est tant perdu de prodiges
Que je ne m'y reconnais plus
Rencontres, partances hâtives
Est-ce ainsi que les hommes vivent ?
Et leurs baisers au loin les suivent
Comme des soleils révolus

Louis Aragon,
Le Roman inachevé, Paris, 1956

Chapitre I
Sybille

Mayence. Rive gauche du Rhin.
Zone d'occupation française.
17 janvier 1921. 16 heures.

— Des soldats allemands morts, j'en ai vu beaucoup… Mais jamais dans un appartement parisien. On a trouvé son corps le vingt-huit juin 1919. Le jour où on signait la paix… La mort est ironique, vous ne trouvez pas ?

— C'est pour me demander cela que vous m'avez convoquée ?

Sybille Hesselbach a répondu sans hésitation au capitaine Marc Rosenfeld ; elle a eu ce petit haussement de sourcils des gens qu'on n'impressionne pas… Assise de l'autre côté du bureau, l'Allemande regarde le Français dans les yeux. Il sourit, elle non. Elle a l'habitude de plaire aux hommes et cette habitude la laisse indifférente. Face à cette femme inaccessible, l'officier français ne sourit plus et redevient un flic ordinaire.

— Vous êtes Sybille Hesselbach, née à Leipzig le vingt-neuf novembre 1895, fille de Friedrich Hesselbach, industriel à Berlin. Vous êtes docteur en philosophie de l'Université de Fribourg où vous enseignez.

— *Das ist alles richtig, Herr Rosenfeld* ([1]).

— Et heureusement, vous parlez français. Alors, dites-moi quand, où et comment avez-vous rencontré la… – Marc Rosenfeld a

---

([1]) Tout cela est exact, Monsieur Rosenfeld.

du mal à prononcer ce mot – … la victime, Joachim Feuerberg, ex-lieutenant de l'armée allemande ?

— Où, quand et comment ? répète lentement Sybille comme si elle y réfléchissait.

À une table voisine, un élève-officier transcrit son audition sur une machine à écrire. Il interrompt sa frappe régulière et attend.

— J'ai rencontré Achim Feuerberg quand j'étais enfant. À Wannsee, près de Berlin, vers 1905. Mon frère Günter me l'avait présenté. Ils avaient quatorze ans. Ils étaient très liés.

— Et vous ? Étiez-vous proche de lui ?

— Quand j'ai grandi, oui. Nous étions ensemble, tous les trois, très souvent. Avant qu'ils ne partent à la guerre.

— Ils étaient en effet dans le même régiment en août 1914. L'invasion de la Belgique. Nous y reviendrons. Le lieutenant Achim Feuerberg était-il… votre fiancé ?

— Il l'a été.

— Avez-vous une idée de ce que Feuerberg faisait à Paris entre janvier et juin 1919 ?

— Non. Paris… C'est bien là que nous voulions aller en 1914, non ? Nous… Les Boches…

Rosenfeld sourit à nouveau. Décidément, cette femme lui plaît. Il aime la douceur de son visage, sa voix grave et cette ironie qui la protège. Il aime l'étrangeté de son français au phrasé germanique. Sybille s'est tue ; le *tactactac* de la machine à écrire s'arrête. Le silence s'installe dans ce bureau si sobre, au troisième étage d'une de ces maisons hautes qu'on rencontre à Mayence. La jeune Allemande regarde par la fenêtre d'où on voit couler le Rhin. La lumière d'hiver joue dans ses yeux gris, des yeux couleur de pierre au soleil. Elle rêve peut-être à un passé lointain. Mais l'officier la ramène à 1919.

— Feuerberg est-il entré en contact avec vous après la guerre ? Vous a-t-il écrit de Paris ?

— Oui. On m'a remis un courrier voici deux ans. C'était en juillet. Je n'en voulais pas. J'ai ouvert l'enveloppe parce que je croyais que c'était un roman. Mais c'était un carnet, une sorte de journal. C'est lui qui l'a écrit. C'est son écriture. Je ne l'ai pas lu. Le voici.

Le capitaine est stupéfait. Sybille vient de sortir de son sac un courrier qu'elle dépose sur le bureau : une enveloppe en papier kraft d'où l'officier retire un cahier. Il feuillète ces vingt pages noircies d'une calligraphie régulière, avec cette bizarrerie allemande pour l'œil français, cette première lettre des mots écrite en majuscule. Marc est perturbé par la collaboration désarmante de Sybille, par l'idée que, peut-être, l'explication du meurtre se trouve là, dans ces pages écrites dans cette langue ennemie qu'il parle à peine. Pourtant, c'est une tout autre question qui lui vient :

— Puisque vous n'en vouliez pas, pourquoi n'avoir pas détruit ce carnet ?

— C'est une bonne question, *Herr Kapitän*... Vous la poserez à mon inconscient...

— L'inconscient, ça dépasse mes compétences. Je vais faire traduire ce texte. Feuerberg mentionne peut-être des personnes qui l'auraient reconnu à Paris. Des réfugiés belges, des soldats français ? Qu'en pensez-vous ?

Sybille ne répond pas. L'officier français replonge dans ces pages qu'il parcourt sans les comprendre. Les yeux baissés, il pose des questions, sans qu'on sache s'il s'adresse à son témoin ou à sa pièce à conviction.

— Dans ce cahier, parle-t-il de la Conférence de paix ? Du traité de Versailles ? Évoque-t-il ses relations à Paris ? Des gens comme Gabriel Savignac ? Koffi Olympio ? Maud Varlin ?

— Dans l'hypothèse où c'est à moi que vous parlez, je vous l'ai déjà dit : je n'ai pas lu ce carnet. Je ne connais pas ces personnes. Je n'ai plus eu aucun contact avec Joachim Feuerberg après l'été 1918. Il était mort pour moi bien avant de mourir.

Sybille s'arrête et la machine à écrire se tait. Rosenfeld, redevenu très attentif, se redresse sur sa chaise. Dans le silence, l'Allemande hésite puis se décide :

— Qui est la femme française ?

— Maud Varlin ? C'était sa maîtresse à Paris.

Rosenfeld le remarque, c'est la première fois que Sybille sort de cette sorte d'indifférence qui semble la protéger du monde. C'est peut-être pour cela que l'officier poursuit.

— Je crois que Maud Varlin ignorait l'identité réelle de son amant. Il avait de faux papiers belges et parlait français. C'est Maud qui a découvert son corps, ce fameux vingt-huit juin 1919. Elle est allée chercher du secours, ce qui semble la disculper. Elle a disparu par la suite mais il est peu probable qu'elle ait poignardé Feuerberg, vu la puissance des coups portés…

— Il est mort poignardé ?

— Oui… Dix-neuf coups.

De la poche de son uniforme, le capitaine Rosenfeld sort un étui à cigarettes, le pose sur le bureau et prend une *imperial blend* qu'il hume mais n'allume pas. Il la remet dans l'étui. Puis, il ouvre le dossier posé sur le bureau et en sort une photographie.

— Mademoiselle Hesselbach, vous et votre frère apparaissez dans cette affaire dès le premier jour. Quand la police française a fouillé l'appartement parisien de Feuerberg, on a trouvé cette photo dans sa chambre. Regardez. C'est vous, n'est-ce pas ? Vous, votre frère Günter et Joachim Feuerberg. Jolie photo. Où était-ce, Sybille ?

Le capitaine pose le cliché sur le bureau et le pousse lentement vers son témoin. Le visage de la jeune Allemande se défait. Elle fixe la photo des jeunes gens, debout dans une clairière, dans la lumière de l'été. Elle est au milieu des garçons, ses mains sur leurs hanches, leurs bras sur ses épaules, comme trois athlètes après la victoire. Son frère Günter est à gauche, en chemise blanche, les cheveux blonds ébouriffés. Il y a tant de douceur sur son visage de vingt-trois ans. Joachim est à droite, en vareuse militaire grise, les cheveux châtains tirés en arrière, plus sobre, plus sombre mais souriant. Sybille au centre, en jupe garçonne et chemisier clair, les cheveux détachés, rayonnante, heureuse. Dix-neuf ans… Sybille tremble. Ses yeux gris se voilent. Qui a écrit qu'on n'est jamais aussi triste que dans les yeux ? Tout ce qui passe à cette seconde dans son regard, l'expression la plus désemparée du deuil, du vide, de l'absence, du manque. Sybille plonge dans le noir ; elle descend tout au fond du désespoir, là où sont les morts, là où on est seul, où toutes les voix se sont tues. Là où gisent les cadavres de son frère, Günter Hesselbach, mort pour une quelconque patrie, le huit août 1918, et de son fiancé Joachim Feuerberg, tué à Paris le vingt-huit juin 1919. Sybille est la seule survivante de la photo. Si jeune et déjà survivante. Dans ses yeux où brillent des larmes qui ne couleront pas, une lueur s'anime. Comme si le bonheur qui rayonne de l'image se reflétait sur son visage. Elle sourit aux fantômes qui la regardent. Si jeune et déjà à sourire à des fantômes.

— Où était-ce Sybille ?

Sybille a à peine entendu l'officier répéter sa question. Pourtant elle s'entend lui répondre d'une voix douce et lente :

— C'était dans une clairière. Dans une forêt profonde en Prusse orientale. Près du village d'Achim. C'est en Pologne désormais… Depuis le traité de Versailles. Depuis la paix.

— Il n'y a pas de date au dos du cliché.

— C'était en été 1914, Capitaine. C'était le plus bel été depuis le début de ce siècle. En Allemagne. L'Allemagne d'avant.

Chapitre II
Deux Allemands

Mayence. Rive gauche du Rhin.
Zone d'occupation française.
17 janvier 1921. 17 heures.

Le soir tombe sur Mayence, un crépuscule d'hiver sans lumière, une heure dangereuse si on est désespéré. Mais la nuit arrive, comme une délivrance. Le capitaine Rosenfeld allume la lampe de bureau sous l'abat-jour d'opaline. La lumière tamise la pièce et les vivants projettent des ombres sur les murs. Sybille émerge des ténèbres où la photo de l'été 1914 l'avait plongée. Elle a ce beau visage apaisé qu'on a parfois après une tristesse sans fond.

— Puis-je disposer, Capitaine ?

— Je vais vous faire raccompagner à votre hôtel par une sentinelle. Mais avant, je voudrais vous poser deux questions.

— Vous m'avez convoquée pour cela.

— Pouvez-vous m'assurer que vous n'étiez pas à Paris, le vingt-huit juin 1919 ?

Sybille rejette la tête en arrière, laisse partir un rire léger puis répond, dans une ironie souriante :

— Je peux vous l'assurer… Et la police de la République de Weimar aussi. J'ai été arrêtée à Berlin le neuf mars 1919. Lors de la semaine sanglante ; c'était la seconde insurrection spartakiste. J'étais à la prison centrale jusqu'en juillet.

— Pour quel motif ?

— Comment dites-vous ça en français ? Pour… « soupçon d'intelligence » avec les insurgés. J'aime beaucoup ce motif… « soupçon d'intelligence ».

— Je ne voyais pas l'héritière d'un grand industriel allemand participer à une guerre civile. Surtout du côté communiste.

Sybille regarde le capitaine français avec cet air inaccessible de ceux qui ont vécu et pensé intensément les choses.

— L'insurrection spartakiste n'était pas une guerre civile. C'était du tir aux pigeons. Je n'ai pas participé à ce combat sans issue. Jamais je n'ai porté une arme de ma vie. J'ai été soupçonnée d'intelligence avec les pigeons. C'est exact. J'ai souhaité la victoire spartakiste. Quant à mon père, il m'avait déshéritée en 1918. Il croyait me faire du mal. Il m'a libérée. Ma seule famille, c'était mon frère. Il repose sous la terre de votre pays… Vous aviez une seconde question, je crois ?

Impressionné par la netteté des sentiments qui animent Sybille, le policier militaire a un peu de mal à retrouver sa question. Quelques secondes passent avant qu'il ne retrouve le fil de son interrogatoire.

— Comment avez-vous appris la mort de Joachim Feuerberg ?

— À ma sortie de prison, en juillet 1919. Un homme est venu me voir. Un permanent du parti social-démocrate, une espèce de conseiller à propos du traité de Versailles, à ce que j'ai compris. C'est lui qui m'a remis le carnet que je vous ai donné.

— Son nom ?

— Eberman. Bernhard Eberman.

— Qu'est-ce qu'il vous a dit exactement ?

— Pas grand-chose. Qu'Achim était mort en France. Il m'a donné le carnet dans une enveloppe et deux billets sur un paquebot. Pour le Togoland. Je n'ai pas compris.

— Merci Sybille. Ce sera tout pour le moment.

La jeune Allemande s'en va. Le Français écoute ses pas résonner dans le couloir. Elle reviendra. Il soupire d'aise… Elle reviendra. Il téléphone au bureau des traductions. Un caporal entre et repart avec le carnet de Feuerberg ; les pages reviendront traduites dans quelques jours. L'élève-officier, qui retranscrivait le procès-verbal d'audition, salue son capitaine en claquant des bottines. Resté seul, Rosenfeld ouvre la fenêtre. Il regarde Mayence plonger peu à peu dans la nuit. La cathédrale rouge découpe encore sa masse sombre dans le ciel nocturne. Des lumières s'allument aux fenêtres des *Bierstubes*, les bars à bières enfumés. Depuis son troisième étage, Marc voit l'enfilade des rues déboucher sur le Rhin. Les lampadaires des quais se reflètent sur la surface polie des eaux noires. Au loin, sur l'autre rive, l'horizon des coteaux à vignobles se fond dans la nuit. Une bourrasque de vent glacé s'engouffre sur le cours du grand fleuve. On est le dix-sept janvier, il finira bien par neiger. Depuis sa fenêtre, Rosenfeld entend monter une voix claire de femme. Quelque part, dans la pénombre d'une ruelle, une fille chante l'air du *Lieber Augustin* :

Leg' nur ins Grab dich hin
Ach, du lieber Augustin
Alles ist hin...

Étrange pays, se dit Rosenfeld, un pays où les putes chantent des comptines enfantines sous les réverbères, un pays où les chants pour enfants parlent de peste, de mort et de cadavres à la fête. Le chant s'arrête, juste à la fin d'un couplet. La *Gänseliesel*, la fille à soldats, aura trouvé un client. Marc pense à cet auxiliaire de l'armée du Rhin, ce Parisien caserné à Sarrebrück, qui sifflait toujours cet air-là. Mais comment s'appelait-il déjà ? Il avait un nom de province espagnole. Castille... Navarre... Un mélancolique au visage d'ange qui écrivait des poésies. Soldat vainqueur dans un pays vaincu, c'est pas toujours ce qu'on croit. Rosenfeld ferme la fenêtre et se remet au travail. Il est satisfait, heureux presque, comme quand on tombe amoureux. Ce soir, il en a plus appris en deux heures qu'en deux ans. Il allume une cigarette anglaise et ouvre le dossier ; il examine la photo prise en

1914, regarde intensément Sybille puis fixe les yeux du soldat ennemi. Il lui parle :

— Qu'est-ce que tu foutais à Paris pendant la Conférence de paix, *Herr* Feuerberg ? Pourquoi as-tu laissé une femme pareille pour venir mourir chez nous ? Tu t'en étais tiré intact, pourtant... Comme moi...

Marc Rosenfeld repense au début de l'affaire. En 1919, la police parisienne avait vite compris que l'assassiné du vingt-huit juin était allemand. Drôle d'idée de se planquer incognito à Paris avec une photo de soi-même en uniforme. Le cliché fit avancer l'enquête. Une copie fût envoyée à Berlin et la police allemande identifia la victime puis transmit son dossier militaire à Paris. Et tout cela en moins de huit semaines. Feuerberg était donc soldat ; l'affaire fut confiée au Deuxième Bureau, le contre-espionnage militaire français. Le chef de section, paraît-il, aurait dit : « donnez cette affaire au Juif. » C'est ainsi que le capitaine Rosenfeld en a hérité. Et il n'a jamais cru à cette histoire de soldat inconnu identifié si vite. Des centaines de milliers de morts sans nom gisaient sur les champs de bataille et on aurait identifié un homme sur une vieille photo en deux mois ? Marc Rosenfeld en avait déduit que les autorités allemandes savaient qui était l'assassiné et ce qu'il faisait à Paris. Il en avait déduit que les Allemands avaient transmis son dossier pour éloigner les soupçons.

Marc souffle sa fumée de cigarette qui danse au-dessus de l'abat-jour d'opaline. Il dit tout haut : « faut toujours qu'ils nous prennent pour des cons ces Boches... » Selon les témoignages recueillis en 1919, Feuerberg habitait rue de Fleurus, avec un autre homme qui a disparu le jour du meurtre. Marc en est certain, Sybille a prononcé son nom ce soir : Bernhard Eberman. Ce fantôme-là fait partie des suspects. Comme Maud Varlin, Gabriel Savignac, Koffi Olympio, ceux qui fréquentaient les deux Schleus clandestins de la rue de Fleurus. Impossible de savoir s'ils étaient dupes ou non de leur fausse identité ; ils se faisaient passer pour des journalistes belges. Beaucoup de mystères, décidément, mais le Français est confiant. Il est certain de retrouver Eberman, le deuxième homme. Il est certain que le carnet de Feuerberg va apporter enfin des réponses, deux ans après le meurtre. Il faut dire que l'affaire a traîné. Ses supérieurs ne voulaient pas faire de zèle. En 1919 et 1920, on avait assigné d'autres priorités à Rosenfeld : une longue mission en Alsace où il avait dû faire la chasse aux « embochés », puis une autre mission en Sarre démilitarisée. C'était comme si les autorités françaises voulaient étouffer l'affaire. Un Boche clandestin, assassiné en plein Paris, un autre Boche dans la nature et tout ça le jour de gloire où on signait la paix avec l'Allemagne... ça faisait désordre. Cette affaire était très malvenue après un printemps 1919 où les scandales avaient éclaté comme des salves d'artillerie. Il y avait eu l'affaire des mines de Briey livrées sans combat aux Allemands en 1914 et restituées intactes en 1918. Cette réciprocité capitaliste faisait les gros titres. Il y avait eu l'affaire de ce cargo de nickel rendu par la France aux usines Krupp... en pleine guerre. Il y avait eu l'affaire des bénéfices phénoménaux du Comité des Forges, la famine en Algérie et puis l'acquittement de l'assassin de Jean Jaurès, les détournements des Œuvres des orphelins de guerre... Le vieux Clémenceau n'avait pas besoin d'un scandale de plus à quelques mois des élections, surtout un scandale qui révélait les failles de la sécurité nationale. Mais à présent, tout cela est loin. Clémenceau et son bloc des droites ont remporté le scrutin et le capitaine Rosenfeld s'est remis au travail.

Il est venu à Mayence pour rassembler les pièces allemandes du puzzle. Des pièces comme Sybille et Günter Hesselbach dont les noms figurent dans le dossier militaire de Joachim Feuerberg. Marc Rosenfeld feuillète les états de service de Feuerberg. Ces pages ne lui apprennent pas grand-chose. Pourtant il les relit souvent. La clef d'un mystère est comme n'importe quelle clef perdue, on la cherche partout, sans raison, obstinément. La première ligne du dossier laisse le Français rêveur : « lieutenant Joachim Feuerberg né à Wildenau le 10 mai 1891 ». Rosenfeld s'est renseigné sur le village d'origine de son cadavre : un village de la plaine de la Vistule, une ancienne commanderie teutonique en Prusse orientale, près de Tannenberg. Aujourd'hui, la localité a repris son nom slave, Narzym. Elle a été rattachée à la Pologne quand on a créé le corridor Dantzig-Varsovie, en application de l'article 28 du traité de Versailles du vingt-huit juin 1919. Marc tire sur sa cigarette et, dans un halo de fumée, se dit : « il est mort le jour où son village natal a cessé d'être allemand. » La police de la toute jeune République de Pologne lui avait envoyé des informations sur la famille de Feuerberg : une mère morte quand il était enfant, un père, négociant prussien sans fortune, décédé aussi, une maison villageoise qui s'est volatilisée dans les bombardements russes de 1914. Il n'avait vraiment rien d'un junker, cet officier de carrière, rien d'un héritier de caste, plutôt un homme du rang, peut-être un de ces types qui attendaient la guerre comme on attend un ascenseur social. Marc poursuit la relecture du dossier classé par mois et par année, du quatre août 1914 au onze novembre 1918 : ça fait quatre ans… dix-huit saisons… cinquante-deux mois… mille cinq cent cinquante-huit jours. De guerre.

1914. Quatre août. Le lieutenant Feuerberg, 13e division, VIIe corps, 2e armée, entre en Belgique. Information dans la marge : sa section d'infanterie incorpore Günter Hesselbach, engagé volontaire né à Leipzig le 6 décembre 1891. Vingt-trois ans, lui aussi. Ils vont participer à l'avancée de la 2e armée de Liège à Charleroi « et peut-être aux atrocités commises entre ces deux villes », se dit Rosenfeld. Le dossier n'en dit rien mais la police allemande a pu caviarder le document pour égarer l'enquête française. Il n'y a qu'une mention : un premier engagement au sud de Thorembais. Septembre : l'armée allemande poursuit les armées française et anglaise jusqu'à la volteface de la Marne. Octobre puis novembre, la section de Feuerberg se replie sur Arras. Décembre : rien. « Enfin si, se dit Rosenfeld : un million d'hommes sont déjà morts. »

1915. Janvier. L'Artois. Les tranchées. La 13e division creuse ses positions à Notre-Dame-de-Lorette. Sale coin. En face aussi, on s'enterre. Rosenfeld se souvient : les Français, puant la sueur et la pisse, sans savon, sans rasoir, sans eau chaude, attrapent des barbes, des cheveux longs, des poux et ce surnom qu'ils détestent : « poilus ». Rien d'autre pour 1915 et dans la tête de Rosenfeld, le souvenir d'un océan d'ennui entre deux hécatombes.

1916. Février. Verdun. La 13e division en est. Deux cent cinquante jours de bataille. Un abattoir à ciel ouvert. Les poils de Rosenfeld se dressent à lire le nom d'un secteur où il était aussi : la forêt du Mort Homme ; elle s'appelait déjà comme cela avant, comme si elle attendait. C'est dans cette forêt sans plus un arbre que Günter est évacué en octobre. Une mention dans la marge en indique la cause : troubles psychiques, obusite. Il est interné en asile psychiatrique. Novembre. Une enquête est ouverte sur les opinions de Feuerberg. Motif : sa fiancée, Sybille Hesselbach, fréquente les milieux pacifistes de Zurich, à cent cinquante kilomètres de Fribourg. Elle diffuse la revue *Die Aktion,* futur organe de la ligue spartakiste. L'enquête conclut au patriotisme sans faille de Feuerberg : pas de lien avec les idées de Sybille.

1917. Février. Feuerberg est affecté aux transferts de prisonniers. Il est noté qu'il parle un bon français appris au pensionnat et en zone d'occupation. Cette mention laisse Rosenfeld rêveur, lui dont la famille juive alsacienne a quitté Strasbourg pour Paris en 1870 et cessé de parler allemand pour toujours. Avril. La section de Feuerberg est engagée au Chemin des Dames. Sale coin… D'offensive en contre-offensive, le match nul le plus meurtrier de l'histoire continue.

1918. Février. L'Allemagne mobilise tous les hommes, dans les lycées, les usines, les asiles. Le dossier indique que Feuerberg accompagne le retour de Günter à l'armée. L'étrange duo se reforme pour l'apothéose. Mars : offensive Ludendorff. Avril : les Allemands sont à soixante-dix kilomètres de Paris. Ils foncent à tombeau ouvert. C'est le cas de le dire : leurs pertes sont épouvantables. Août : décimée, épuisée, l'armée allemande s'effondre et recule sur la

Somme. La 13ᵉ division est à Amiens. Sale coin. Ils perdent un homme sur deux. Dans le tandem Feuerberg-Hesselbach, c'est Günter qui meurt, le huit août 1918. Le réfractaire meurt pour la Patrie, le patriote gagne la Croix de fer et perd Sybille pour toujours, d'après ce que Rosenfeld a compris ce soir.

1918. Septembre. Repli sur la Meuse. La 13ᵉ finit en Argonne poursuivie par les chars français et les avions anglais. Octobre : la grippe espagnole ravage les débris des armées allemandes. Novembre : la marine allemande se révolte contre ses officiers, le quatre. Le Kaiser abdique, le sept. La République est proclamée, le neuf. La guerre s'arrête, le onze. Armistice… Les survivants du régiment de Feuerberg rentrent à pied en Allemagne. Retraite disciplinée selon le dossier, ni drapeau rouge ni comité révolutionnaire.

1919. Janvier : comme toute la *Deutsches Heer*, le reliquat humain de la 13ᵉ division est dissous. Le dossier militaire de Feuerberg commencé le quatre août 1914 s'arrête, quatre ans et dix millions de morts plus tard.

Marc referme la chemise du carton d'archives et renoue les deux bandes de soie du dossier. Il allume à nouveau une cigarette anglaise. La guerre de Feuerberg est un miroir de la sienne. Même âge, même grade, même géographie, médailles équivalentes sur la fin comme on donne un os à un chien. Rosenfeld était lieutenant à la 5ᵉ armée française. Il a fait Charleroi, la Marne, l'Artois, Verdun, les Dames, Amiens, l'Argonne. Sales coins. Rosenfeld et Feuerberg s'en sont sortis vivants après quatre ans de cache-cache avec la mort. Tout ça pour que le vingt-huit juin 1919, jour où on signait la paix, Feuerberg soit poignardé dans un appartement parisien. Son corps était lardé de coups de baïonnette. Le commissariat du Boulevard Saint-Michel en avait conclu que l'assassin devait être un Poilu qui aurait reconnu un Schleu. « Trop simple et ça ne dit pas ce que Feuerberg faisait à Paris, sous un faux nom, en pleine Conférence de paix », se dit Rosenfeld. Depuis fin janvier, la victime logeait dans un hôtel, rue de Fleurus, près du Luxembourg. Mauvaise idée de se planquer dans ce quartier où logeaient des milliers de réfugiés belges. L'un d'eux aurait pu le reconnaître. Qui sait ce qui s'était passé en Belgique en août 1914 ? Trop littéraire pour faire un simple flic, Rosenfeld se pose d'autres questions depuis qu'il a rencontré Sybille. Qu'est-ce cette fille et son frère faisaient avec Feuerberg ? Qu'est-ce qui liait ces enfants de la meilleure jeunesse d'Allemagne à cet obscur officier de carrière sans carrière, ce chien de meute probablement antisémite malgré un nom un peu juif ? Ça ne colle pas. Rosenfeld a une fiche sur le père de Sybille, Friedrich Hesselbach, industriel influent du secteur chimique, associé à AEG, Bosch, BASF, Bayer. Il a été impliqué dans le programme Fritz Haber pour la synthèse de l'acide nitrique et la fabrication des gaz de combat. Un homme puissant dans l'ombre du pouvoir. Ses enfants n'avaient visiblement pas son sens de la réussite sociale : un fils aliéné, mort simple soldat en première ligne, une fille sympathisante communiste, fiancée à un officier d'infanterie du bas de l'échelle. Tout ça ne colle pas. Ou alors, ça s'est décollé il y a longtemps. Pour comprendre, il faudrait remonter le temps, explorer l'Allemagne d'avant. Flics, psychanalystes et historiens ont un point commun : à l'inverse des enfants qui écoutent les histoires en disant « et après ? », ils les écoutent toujours en disant : « et avant ? »

Avant, longtemps avant, il y eut un enfant allemand dans un village à moitié polonais, quelque part dans la plaine de la Vistule. Avant, bien avant, il y eut un pensionnat du côté de Potsdam, un pensionnat où deux garçons, Achim et Günter, se lièrent pour toujours. Avant, il y eut Sybille et l'amour dans un monde sans guerre, du côté de Berlin-la-Verte. Avant, il y eut trois jeunes gens heureux au cœur de l'été 1914, le plus bel été du siècle. Avant, il y eut mille cinq cent cinquante-huit jours d'une guerre mondiale qui dévora l'un des trois et sépara les deux autres à jamais. Avant, juste avant, il y eut un départ pour Paris, un jour d'hiver, le douze janvier 1919, en pleine guerre civile, quelque part, du côté de Berlin-la-Rouge.

Chapitre III
Berlin-la-Rouge

Berlin. Centre-ville.
Le 12 janvier 1919. 14 heures.

Attablé derrière la baie vitrée, Joachim Feuerberg boit son deuxième verre, dans un bar, au cinquième étage d'un immeuble Art nouveau, près de la *Leipziger Straße*. Il regarde la ville. Ses yeux presque verts errent du côté des usines et des cités ouvrières, du côté de Berlin-la-Rouge. Des fumées montent des maisons où on a encore du charbon. Dans les gris et noirs du paysage, des braises rougeoient... reflets de brasiers dans les verrières des forges. Ça ressemble un peu à la guerre mais dans le silence d'un matin d'hiver. Achim voit Berlin comme une peinture. Il n'est pas peintre, il voit des tableaux. Même à Verdun, il en a vu. Tout avait commencé par une peinture d'ailleurs, en août 1914, un tableau impressionniste tout ce qu'il y a de plus gentil, des champs de blé dans la lumière de l'été, où avançaient des casques à pointe. Et tout a fini dans l'abstraction totale. À Verdun, Feuerberg est entré dans l'art du XXe siècle ; il a vu la froideur cubiste des jours calmes, le feu expressionniste des batailles et les nuits, zébrées d'éclairs, comme des peintures sur ciel à l'obus et au shrapnel. Apollinaire le disait : « putain, c'est beau Verdun, la nuit, ce chapiteau de lumières tendu au-dessus de l'abattoir. » Mais Achim ne pense ni à Verdun ni à cet Apollinaire qu'il ne connaît pas et ne connaîtra jamais puisqu'il est mort deux jours avant la fin. Achim ne pense à rien ; il s'étire, enfonce les poings dans les poches de son manteau vert-de-gris qu'il a civilisé en enlevant les insignes. La vodka enflamme son corps. Il ressent les bonheurs élémentaires : être au chaud, être propre, avoir les pieds secs, ne penser à rien. Il a cet air absent des personnages du fond des peintures de Renoir. Des millions d'hommes viennent de passer quatre ans à rêver d'être absents, au second plan, sans importance, libres de quitter le tableau. Joachim Feuerberg dit Achim, vingt-huit ans, officier allemand démobilisé, est sorti du tableau le onze novembre 1918 à onze heures, quand la guerre s'est arrêtée. Elle n'est pas finie, non. Elle s'est arrêtée, comme un tableau s'arrête sur un instant et les soldats du fond sont rentrés. Et maintenant Achim est assis dans un bar Belle Époque, derrière une verrière Art nouveau, ce douze janvier 1919. On est soixante-trois jours après la guerre et cent soixante-huit jours avant la paix, à Berlin, en Allemagne. L'Allemagne d'après.

Soudain, des sons étouffés arrivent du dehors. Feuerberg se fige sur sa chaise comme un chien en alerte. Il a reconnu l'éclat sourd des grenades, le tactac cotonneux des mitrailleuses. On se bat dehors, en plein Berlin, miliciens contre ouvriers. Une autre guerre, une guerre civile. Achim entend le sifflement d'un obus qui tombe à quelques rues mais n'explose pas. En percutant le sol, le projectile a fait un son humide et vicieux : *pschitt*. Les yeux dans le vague, Achim chuchote : obus à gaz. C'est bien ça. Sur l'*Alexanderplatz*, on gaze les gens retranchés dans les caves. Les mitrailleuses recommencent, monotones comme des machines à coudre. On mitraille ceux qui sortent asphyxiés des maisons. Achim se détend, vide son verre et se murmure à lui-même : « Liquidés, les Spartakistes. Liquidée, Berlin-la-Rouge… Pauvres pigeons… » Dans le cabaret presque vide, un type accoudé au bar s'était raidi lui aussi aux bruits de bataille. Il était resté figé, prêt à plonger sous une table. Il se détend à présent. Un autre revenant du front. Achim les reconnaît. Il les renifle, attentif à leur façon de se figer au moindre bruit… le claquement d'une porte, l'aboiement d'un chien, l'éclat d'une voix. Achim est comme eux. Il n'aime pas le bruit parce qu'avec le bruit, arrive la mort. Et même le bruit des mots, Achim n'en veut plus. Il préfère le silence. Il lève son verre vide au passage de la serveuse qui revient avec un verre plein. Vodka. Troisième verre. Le meilleur. Qui passe comme du velours. Achim le surnomme *le Onze novembre*, le verre de l'armistice, parce qu'après trois verres, généralement, les gens veulent faire la paix. Même les Allemands. Feuerberg se souvient du onze novembre. À onze heures. Allemands et Français, sales, hirsutes, désarmés, aussi miteux les uns que les autres, étaient sortis des tranchées et s'étaient rencontrés dans le *no man's land*. Après trois verres d'alcool versés dans les capuchons des gourdes, ils s'étaient mis à danser deux par deux. Des journalistes américains photographiaient ces soldats clochards et leur pauvre valse sans musique. Achim se souvient du sourire timide des danseurs, leurs pas figés, leurs yeux fuyants. En quatre ans de guerre, il n'avait pas vu image plus désespérante que cette danse. La vue des survivants, c'est bien plus terrifiant que la vue des morts.

Achim se raidit à nouveau. Des coups de feu claquent dehors, petits aboiements secs de pistolet *Mauser*. On achève les insurgés blessés. Les Allemands ont demandé la paix au monde mais pas à eux-mêmes. Là-dehors, personne ne danse une valse lente avec les Rouges. Les Rouges, Achim les hait, aussi bêtement qu'un chien déteste les facteurs. Mais il n'a pas voulu aller leur tirer dessus, par peur de reconnaître Sybille dans sa ligne de mire. Et puis il apprécie une chose chez les insurgés : contestataires en 1915, pacifistes en 1916, grévistes en 1917, révolutionnaires en 1918 ; ces Spartakistes ont de la suite dans les idées, qualité allemande entre toutes. Pas comme ces sociaux-démocrates qui gouvernent l'Allemagne depuis novembre, ces socialistes qui ciraient les bottes du Kaiser avant de lui botter le cul, qui ont soutenu la guerre quand on la gagnait et ont demandé la paix quand on la perdait. Ces socialistes ont planté un couteau dans le dos de l'armée allemande en demandant l'armistice. Voilà ce qu'il pense. Et pourtant il va travailler pour eux.

Il vide son *Onze novembre* cul sec. Tac ! Il fait claquer le verre vide sur la table et répète compulsivement : « onze du onze à onze heures, la guerre s'arrête ; onze du onze à onze heures, la guerre s'arrête ; onze du onze à onze heures... huit du huit à huit heures, Günter meurt. Huit du huit à huit heures, Günter meurt. Huit du huit à huit heures... » Achim s'arrête. Dans sa jeune vie, la mort a déjà creusé un puits sans fond. Il regarde dedans. Il fixe le néant. Il sait qu'à trop regarder le néant, arrive l'instant où c'est le néant qui vous fixe. Il sait ça depuis bien avant la guerre, bien avant Günter. Il sait ça depuis le pensionnat et le dortoir des solitudes. Il sait ça depuis ces années où il vivait sous les toits de l'hôtel Silésia, toutes ces nuits, tout seul, à écouter le bruit des trains qui passent. Alors il meuble son néant avec des images, des tableaux, des scènes d'amour avec Sybille, du sexe, des fantasmes, des souvenirs. Elle est loin. À Fribourg. Tant mieux. Elle aurait été capable de rejoindre les barricades spartakistes. Achim l'imagine dans cette petite ville du sud-ouest, avec ses maisons à colombages. Il s'imagine avec elle en 1920. Elle aurait vingt-cinq ans et lui trente. Ils seraient loin de l'hiver, dans un pays neuf, un monde nouveau, dans des années dont on ne sait pas encore qu'elles seront folles. Mais on n'est pas en 1920 ; on est en 1919 et Sybille n'a plus répondu à ses lettres depuis la mort de Günter. Hier, il lui a écrit. Quelques mots. Des mots qui disent qu'il a quelque chose à faire en France, qu'il reviendra, qu'il ira la chercher à Fribourg, qu'ils partiront. C'est un rêve, un rêve à deux qu'il fait tout seul. Pour en avoir les moyens, il a accepté cette mission d'espion à Paris où la Conférence de paix va débuter. Savoir ce que les pays alliés feront de l'Allemagne ne l'intéresse pas tant que ça. Plus grand-chose ne l'intéresse à part boire et faire l'amour. Et pour vivre d'amour et d'eau-de-vie, il faudrait commencer par le début, qu'Eberman arrive, qu'ils partent pour la gare, qu'ils rejoignent Paris. Mais Eberman n'arrive pas et Feuerberg grimace. Son ventre ne s'enflamme plus, il se tord comme serré par une main intérieure. La vodka devait être frelatée. C'est courant avec le blocus qui affame l'Allemagne.

L'armistice n'a rien changé, les ports restent bloqués, on manque de tout. Feuerberg, écœuré, va s'accouder au bar. Il cherche du regard un garçon qui ressemblerait à Günter. Évidemment personne ne ressemble à Günter. Derrière le comptoir, il y a la serveuse de tout à l'heure et devant le bar, le revenant du front. Tiens, il est manchot. Il va sûrement l'emmerder avec son histoire de bras perdu pour rien. D'ailleurs le mutilé marmonne tout seul :

— Deux cent trente-et-un communiqués de victoire. Deux cent trente-et-un ! Puis onze novembre. Communiqué numéro deux cent trente-deux. Qui annonce l'armistice. Comme ça. L'armistice. Et on l'a demandé aux Américains. Sont arrivés les derniers, ceux-là. Quatre mois qu'ils ont faits. Z'ont pas crevé quatre ans comme nous ! Deux cent trente-et-un communiqués de victoire ! Puis onze novembre...

Et l'invalide de guerre perdue recommence sa litanie. Feuerberg passe au large et s'assied sur un tabouret. La serveuse est blonde, ronde hormis son visage aux joues creuses ; elle oscille entre les empreintes du temps et des restes de jeunesse. Quelque chose d'attirant. Le corps d'Achim réagit déjà : ça papillonne dans son abdomen. Achim prend un faux air timide. La femme entre-deux-âges passe une main dans ses cheveux. Il se sent bienvenu. Il plaisait avant-guerre ; il plaît plus encore maintenant que quatre millions d'Allemands sont morts, prisonniers ou mutilés. Il veut engager la conversation mais elle parle la première :

— Y a des toilettes là-bas. Je viens avec vous. Faudra faire vite. C'est cinq marks. Je prends le jambon aussi. Et des œufs. Si vous aviez des œufs ?

Elle a parlé avec une avidité suppliante dans la voix, espérant qu'une omelette frétille, tout à l'heure, dans sa chambre miteuse des *Mietskasernen*. Feuerberg vient de trouver un nom au quatrième verre : le cinq marks. La paix qu'on devra mendier aux Français et aux Anglais ne vaudra pas plus. Il va dire oui à cette passe de misère. Il a envie de cette femme, de ses rondeurs, de son air las, de son accent berlinois. Comme tant d'hommes de ce temps, il pratique le sexe tarifé et serait content de baiser avec une Allemande, après quatre ans à fréquenter Bruxelles, le plus grand bordel du Front Ouest. Il va lui dire de la suivre mais un client arrive. Gros ventre, grosses joues, grosses moustaches, chapeau melon, redingote noire, cinquante-six ans : un politicien socialiste. Eberman. Les deux hommes se reconnaissent sans s'être jamais vus.

— Feuerberg ?

Achim se lève et fait claquer les talons de ses bottines. Clac !

— N'en rajoutez pas. Même en civil, vous avez une dégaine de militaire. C'est donc vous qui avez fait quatre ans de guerre ?

— C'est donc vous qui avez demandé l'armistice ?

Ça commence plutôt mal entre l'ex-officier prussien et le politicien socialiste. Eberman commande un café. D'une voix charmeuse, il dit au jeune homme qui a la moitié de son âge :

— Ne nous énervons pas, Feuerberg. Et d'abord, excusez mon retard. Pas facile d'arriver ici avec tout ce qui se passe dehors. Je viens du ministère des Affaires étrangères où j'ai déjeuné avec votre protecteur, Monsieur Friedrich Hesselbach. Harengs Bismarck aux œufs durs, purée de pommes de terre et Riesling d'Alsace. C'était délicieux.

— Hesselbach vous a transmis mes conditions ?

— Oui. Et c'est entendu. Mission terminée, vous aurez deux billets sur le premier bateau et un poste en Afrique allemande. Nous apprécions que vous vouliez continuer à servir l'Allemagne. Mais pour être honnête, je dois vous dire que j'ignore s'il y aura encore une Afrique allemande après cette Conférence de paix. Je ne sais même pas s'il y aura encore une Allemagne allemande… Peut-on savoir pour qui est le deuxième billet ?

— Non.

Eberman boit une gorgée de café et repousse sa tasse, dégoûté : café infâme, lait caillé, sucrier vide. Satané blocus. Il règle sa consommation sans commentaires. Il est temps de partir. Ils passent derrière le manchot qui marmonne toujours au bar : « deux cent trente-et-un communiqués de victoire. Et puis communiqué numéro deux cent trente-deux. La défaite… » Feuerberg se retourne soudain et gifle violemment le mutilé. De son bras unique, l'homme terrorisé protège son visage rougi par la claque. De derrière son bar, la serveuse met la main sur l'épaule de l'invalide et hurle à Feuerberg : « Dehors ! Sale brute de Prussien ! Dehors ! » Achim s'en va sans un mot vers l'ascenseur. Eberman le suit, sidéré. Dans les prochains mois, il aura toujours un peu peur de son compagnon, comme on a peur d'un chien silencieux.

Les deux hommes marchent dans la grisaille de janvier. Sur les murs des immeubles alignés au garde-à-vous, des affiches disent aux passants : « Tuez Rosa Luxemburg, tuez Karl Liebknecht, tuez les Spartakistes ! » Pourtant Berlin sous rationnement semble indifférente à l'insurrection. Un tram et quelques bus hippotractés circulent. On entend les sabots des chevaux frapper le pavé. Sous les portes cochères des casernes à loyer, les *Mietskasernen*, traînent quelques ouvrières. Eberman et Feuerberg passent sur le pont de la Spree et s'engagent sur *Unter den Linden* aux tilleuls dénudés. C'est là qu'ils croisent une centaine de civils et de marins qui avancent mains en l'air. Des insurgés communistes, des Spartakistes. Ils se sont rendus à des soldats qui portent des *Stahlhelm 1916*, des casques d'acier. Achim l'a porté, ce casque, et ces soldats sont ses compagnons d'armes, des *Freikorps*, des miliciens au service du gouvernement socialiste. Eberman baisse les yeux. Il a peur de reconnaître, parmi les prisonniers, un camarade du syndicat ou un ancien du parti. Mais ce sont surtout des matelots qui ressemblent à des enfants avec leur calot à ruban ou des ouvriers en cravate et col cassé, endimanchés pour la révolution. Une semaine plus tôt, ces Spartakistes avaient investi le ministère de la Guerre et présenté un ordre de réquisition. On leur avait fait remarquer que leur bordereau n'était pas signé. Ils étaient repartis chercher une signature au comité révolutionnaire. À leur retour, le ministère était défendu par des mitrailleuses… Quel autre peuple au monde fait une révolution avec des formulaires ? Eberman devient sombre. Il vient de reconnaître un camarade de la grève de janvier 1918, quand un demi-million d'Allemands défilaient sous les bannières : « la grève pour en finir avec la guerre. » Eberman était en tête de ce défilé-là. De peur de voir tous les travailleurs passer au communisme, le parti socialiste avait basculé dans le camp de la paix. Les responsables du SPD ([2]) avaient investi les comités d'usines pour ramener la classe ouvrière au bercail. En ce janvier 1919, la classe ouvrière est à nouveau sortie de la bergerie et cette fois le parti ne lui envoie plus des moulins à paroles mais des automitrailleuses. En reconnaissant son camarade, Eberman éprouve une honte immense, de celles qui précèdent l'inexpiable. Il n'a que Feuerberg à qui parler :

— Vous croyez qu'ils vont épargner les prisonniers ?
— Faut le demander à votre gouvernement.
— Et vous, que feriez-vous ?

Achim ne répond pas. Il observe un officier qui l'appelle par son nom :

— Hé Feuerberg ! Feuerberg !

Le *Freikorps* traverse *Unter den Linden* en bousculant les rangs de prisonniers. Achim le reconnaît : « Weidmann… Encore vivant celui-là… »

— Feuerberg ! Mon camarade de Quatorze, qu'est-ce que tu fous en civil ? La République nous recrute à la pelle, mon vieux. Par petites annonces dans les journaux socialistes !
— C'est la fin ici, non ?
— Oui, mon Lieutenant. On a encerclé les derniers Rouges à Spandau. C'est presque réglé. Ce soir, on prendra le train pour la Poméranie. Blomberg puis Dantzig. Les Polonais s'agitent pour agrandir leur pays tout neuf. On ne va pas se laisser faire. On va la défendre ta Prusse natale, mon vieux. On va les traiter à la belge. Tu te souviens ? Viens donc avec nous !

([2]) SPD : *Sozialdemokratische Partei Deutschlands*.

— J'ai déjà un travail. *Auf Wiedersehen*.

Feuerberg est plutôt d'accord avec Weidmann à propos de Dantzig, de la Prusse, des Polonais. Mais il n'aime pas cet officier westphalien. Günter aussi détestait Weidmann et ses démonstrations d'amitié canine. Un chien fidèle ce Weidmann, un chien méchant.

Les prisonniers sont passés. Une automitrailleuse les suit. Les voyageurs reprennent leurs valises et traversent l'avenue au carrefour de la *Friedrichstraße*. Ils arrivent en vue de la gare centrale. Un train passe sous la verrière et s'élance sur le pont par-dessus l'avenue, dans un mouvement lent de vieux film futuriste. Juste avant le pont, il y a un hôtel, le Silésia. Une marée intérieure monte dans le corps d'Achim. La peau a une mémoire. Les heures passées à parler, à faire l'amour avec Sybille revivent. C'était là, dans sa chambre sous les combles. Puis la mer se retire ; le souvenir sans mots s'en va. Ça lui arrive parfois, n'importe où, n'importe quand. Quelque chose l'emporte un court instant dans sa vie d'avant et il ressent un souvenir vivant, si vivant que quand le souvenir s'éteint, il a mal, mal comme un mutilé a mal au membre perdu qui le hante de son absence.

Ils entrent dans la gare centrale, une cathédrale ferroviaire de verre et de fer. Achim achète un flacon de schnaps, un cahier et un stylo. Leur train est à quai ; quand ils grimpent sur le marchepied du wagon, des rafales retentissent au-dehors. L'ex-officier rentre la tête dans les épaules et dit d'une voix neutre : « automitrailleuse. » Eberman dit avec effroi : « ils tuent leurs prisonniers… » Les deux hommes s'asseyent sans rien dire dans le compartiment capitonné d'un wagon de première classe. Le train – un BR 18 traction vapeur, rapide de plaine – sort de la gare. Au bord des voies, sur les murs aveugles, des affiches rouges et noires disent toujours : « tuez Liebknecht, tuez Luxemburg, tuez le traître et la putain juive ! » Le convoi passe le mur d'enceinte de Berlin. Un convoi de *Freikorps* en armes roule lentement, parallèle à leur train. Ils partent à Munich casser du gréviste. On les entend chanter à tue-tête *Die Wacht am Rhein*, la Garde au Rhin.

Nous sommes le douze janvier 1919. Dans trois jours, on arrêtera Karl Liebknecht et Rosa Luxemburg, leaders d'une révolution spartakiste qu'ils n'ont pas voulue mais qu'ils ont ralliée. Ils seront exécutés par les corps-francs sur ordre du ministre socialiste Gustav Noske : Karl dans un bois du *Tiergarten*, d'une balle dans la nuque et Rosa dans la voiture qui l'emmenait hors de la ville ; elle recevra une pluie de coups de crosse et une balle dans la tempe pour l'achever. Ils jetteront son corps dans le *Landwehrkanal*. À son enterrement, on mettra en terre un cercueil vide. Quand ils apprendront ces nouvelles à Paris, Eberman sera dévasté et convaincu que ces meurtres étaient nécessaires. Feuerberg pensera : « pour Günter aussi, ils ont enterré un cercueil vide. » Mais nous n'y sommes pas encore. Nous sommes le douze janvier 1919. Les Allemands tuent les Allemands, à Berlin, à Brême, à Munich. En Allemagne. L'Allemagne d'après.

Chapitre IV
Enfances

Banlieue verte de Berlin. Dans un train.
Le 12 janvier 1919. 14 heures 30.

Dans le train qui sort de Berlin, Eberman parle peu, Feuerberg ne parle pas. Il ne parlera presque pas jusqu'à leur arrivée à Paris le vingt-cinq janvier, après leur long voyage dans le chaos européen. Il ne parle pas, il pense ou plutôt va d'image en image comme s'il réfléchissait en hiéroglyphes. Le train traverse la grande banlieue berlinoise, si belle, si boisée. Au sortir de la forêt de Grunwald, le convoi longe le lac de Wannsee sous le soleil d'hiver. Entre les branches noires des aulnes, la lumière scintille sur l'eau. Achim cligne des yeux au rythme des arbres qui défilent. « Mince féérie » aurait écrit un écrivain de l'autre camp. Une féérie qui lui rappelle les soirs d'été à Wannsee, quand Sybille et Günter lui montraient les villas blanches et les grands jardins de Berlin-la-Verte. « Tant d'espace pour si peu de gens » pensait le Prussien provincial. Achim revoit la villa Hesselbach où même le parc avait un air Art nouveau. Il y est venu la première fois un dimanche de septembre 1905. Achim et Günter ont alors quatorze ans ; Günter est fier de présenter à sa famille son grand, son meilleur, son seul ami. Sybille a dix ans. Sybille si attachée à Günter qu'elle adopte immédiatement tout ce qui vient de son frère, adopte l'inexorable Achim à la première seconde.

À table, Hesselbach-père croit cerner le jeune homme en quelques questions : adolescent oublié en pension, enfant d'un obscur négociant de Prusse orientale et d'une mère morte qu'il ne semble pas avoir connue. Joachim a le même prénom que le dernier garçon de l'Empereur, né une année avant lui. Le patriarche l'interroge à propos de son attachement au Kaiser, à l'Allemagne. Rassuré, il comprend que ce garçon voue à la patrie un dévouement de chien de ferme. Achim veut entrer à l'école militaire par une logique d'enfant triste, allant du pensionnat à la caserne. Opportuniste, Friedrich Hesselbach croit voir à quoi Achim pourrait servir dans l'éducation de ses enfants turbulents qu'il élève seul depuis la naissance de sa fille et la mort de sa femme. Il voit en Joachim un modèle viril, accessible à Günter. Certes, il se demande un peu ce que son fils trouve à cet Achim. La bonne société de Berlin-la-Verte se posera la même question. On va jaser à Wannsee. On sait à quoi s'en tenir à propos de Günter qu'on n'a jamais vu avec une fille. On sait toujours à quoi s'en tenir quand on ne tient qu'à ce qu'on sait.

En revanche, personne ne se demandera ce qu'Achim aime chez les Hesselbach. Ces questions-là ne remontent pas l'échelle sociale. Les gens riches qui se prennent pour des rivières, pensent toujours que les gens modestes les aiment comme on aime une cascade. Non. Achim a pour Hesselbach-père un respect immédiat, non parce que c'est un industriel puissant mais parce que c'est un ancien combattant de 1870. Il était à la bataille de Sedan et les jeunes patriotes vouent un culte aux vétérans de la guerre franco-allemande. Friedrich Hesselbach avait vingt ans quand, dans la galerie des Glaces, il a assisté à la proclamation du IIe Reich, à Versailles, le vingt-cinq janvier 1871. Autant dire qu'il en impose à l'adolescent au père absent et qui n'a pas été soldat. Concernant Hesselbach-fils, c'est bien plus étrange ; Achim s'est pris d'amitié pour lui pour des raisons exactement opposées. C'était un jour de 1903, au Gymnasium impérial de Potsdam, un lycée dans une forêt profonde.

Douze janvier 1919, 16 heures 30. Le train quitte Berlin-la-Verte et traverse lentement l'arrière-pays de Potsdam en province de Brandebourg. Le rapide de plaine roule lentement ; il économise son charbon. Eberman somnole. Feuerberg ouvre son flacon de schnaps et porte un toast solitaire au *Potsdamer Gymnasium* où il a passé tant d'années. Il regarde à travers la vitre. Ce pensionnat est là, quelque part, dans ce massif forestier qu'on voit au loin. Achim revoit le deux septembre 1903, le *Sedantag* commémorant la victoire de Sedan. Il revoit la classe et les élèves de douze ans qui portent un toast au Kaiser. Après boire, les enfants, la vareuse boutonnée jusqu'au col, font claquer leurs bottes cloutées. Sauf un. Un nouvel arrivé au visage d'ange. Quand la classe a levé son verre, le nouveau a recroquevillé un bras et l'a fait pendouiller dans le vide, imitant l'infirmité de Guillaume II, cet atrophié de naissance. Achim est sidéré par l'impertinence du nouveau. Mais il ne se joindra pas aux autres pour lui cogner dessus dans la cour de récréation. Sous les marronniers, Günter Hesselbach encaisse les coups sans broncher. Son père l'a mis dans cette pension pour « lui forger le caractère » et dans une forge, on prend des coups. Ça tombe comme le marteau sur l'enclume. Günter reste stoïque, pas un cri, juste quelques larmes. Les coups s'arrêtent, la meute s'en va, sauf Achim qui regarde Günter se relever, visage tuméfié. Les regards se croissent. Le jeune Hesselbach plaît au jeune Feuerberg parce que le courage est le seul langage qu'il comprenne immédiatement.

Septembre passe. Le nouveau venu est un fort-en-tête : en français, en grec, en latin, en sciences, en mathématiques, en musique, en à peu près tout. Feuerberg le Prussien, lui, est un élève taciturne et moyen. Dans la cour, c'est une force qui tient les autres à distance. Avec ses traits réguliers, son regard direct, son grand corps équilibré, il en impose. On ne le provoque pas. Avec sa tête blonde, ses taches de rousseur et ses yeux bleus, Günter est encore dans l'enfance. Subjugué par Achim, il le suit. Il le suit sans cesse. Et Achim se laisse suivre. Les semaines passent et les deux chiens sans mère se rapprochent. Ainsi se forme un de ces duos dissemblables qu'on rencontre parfois dans les cours d'école. Günter sait peu de choses de son ami sinon qu'il vient d'un village de Prusse, en Mazurie, le pays des trois mille lacs, dernier bastion germanique avant l'océan slave, un pays où chaque village a deux noms : un en allemand, l'autre en polonais. Après, on est en Russie, en ce temps où il n'y a pas la moindre Pologne entre Berlin et Moscou, en ce temps où Rosa Luxemburg naît juive polonaise en Russie et meurt communiste allemande à Berlin. Achim est pensionnaire depuis l'âge de huit ans, laissé là par un père veuf, pressé de se remarier avec une dame que cet enfant du premier mariage indispose. Achim ne passe que deux mois d'été dans la maison de son père en Mazurie. Aux feuilles mortes, il retourne dans le district de Potsdam, retrouver le pensionnat du fonds des bois. Le temps est long dans les couloirs de l'enfance en pension. Le soir avant le dortoir, Günter et Achim passent des heures dans la bibliothèque. Achim adore les images, inconnues dans son milieu de luthériens austères. Ils feuillètent les dictionnaires illustrés, les recueils de gravures, les revues. Achim s'arrête sur chaque page et Günter lui dit ce qu'ils voient :

— Ce tableau, c'est *Siegfried et les filles du Rhin*.

— C'est beau l'art allemand.

— C'est un tableau américain, crétin.

— Alors, elles sont belles les légendes allemandes… dans les tableaux américains.

— Et ça, c'est la *Sybille de Cumes* dans la chapelle Sixtine… Sybille comme ma sœur. Cette peinture-là, c'est *L'île des morts* d'Arnold Boecklin. Ça, c'est Heinrich Kley du *Jugendmagazin* à Munich. Et ça, c'est nouveau : Gustav Klimt, la sécession viennoise. Encore plus nouveau : Ernst Kirchner du groupe *Die Brücke* à Dresde. Eux, ils dessinent comme sculptent les nègres. Fabuleux… Pas vrai ?

Feuerberg ne s'intéresse pas au modernisme qui fascine tant Günter. Il tourne les pages dans l'autre sens, revient en arrière. Il fixe très longuement le *Toteninsel*, le tableau de Boecklin. Pourquoi tel tableau vous happe et tel autre vous rejette ? Personne ne sait ces choses. Achim est happé par ce tableau, il entre dans *L'île des morts* au soleil du soir ; il voit le demi-cercle de falaises blanches et la crique sombre à l'ombre des cyprès immenses. Il voit la mer d'huile, l'embarcation qui va accoster. Il devient l'homme qui conduit la barque, Charon, le passeur des Enfers, qu'on voit de dos, encapuchonné de voiles blancs. Et dans sa barque, il y a un cercueil sous un linceul. L'adolescent pense fugacement à sa mère... Puis il dit, comme si c'était une conclusion :

— Quand je te dis que c'est beau, l'art allemand.

— C'est beau l'art tout court. Et puis Boecklin, c'est un peintre suisse. Mais j'aime pas trop le symbolisme. Je préfère l'expression directe. Regarde !

Günter tourne à nouveau les pages, vers l'avant, jusqu'aux fulgurances de l'expressionnisme allemand première manière. Il s'imprègne de la vue des gravures sur bois, ces portraits d'avant-garde, inspirés par ce qu'on appelle naïvement le primitivisme africain. Ces œuvres-là dégagent encore une sérénité mélancolique, avec leurs couleurs fauves et leurs géométries simples. Une guerre plus tard, elles seront atrocement torturées. Un jour, ces tableaux crieront. Certains crient déjà. Mais en ces années 1900, elles sont fidèles à leur nom de ralliement : *die Brücke*. Elles sont un pont, un passage, vers les autres peuples du monde et vers soi-même. Une invitation à la paix. Günter est empli d'une joie profonde et calme comme une mer grise. Dans *La jeune fille au chat blanc* de Kirchner, il reconnaît sa sœur Sybille allongée sur le sofa. Dans *Le loup bleu noir endormi* peint par un fauve anonyme, il voit dormir son ami Achim.

La cloche du soir sonne. Il faut rentrer au dortoir. Günter sourit. Günter rêve. Il est immensément cultivé. Il dénote dans ce pensionnat où règne une autre culture, celle du *Kulturkampf*. Les jeunes Prussiens, protestants, nationalistes, autocrates, font régner la terreur. Dans le dortoir, ils rouent de coups les jeunes Allemands du sud, souvent catholiques et les jeunes Allemands de l'ouest, souvent libéraux. Pas les jeunes Juifs... ils ne sont pas admis dans ce pensionnat. Achim protège Günter de ces fureurs prussiennes. Fils d'un commerçant de Prusse, il n'est pas *junker* comme ces enfants de caste mais tout aussi dominateur par une sorte de mimétisme de la survie. Le surveillant survient ; quelques coups de canne et le chenil se calme. Les lumières s'éteignent.

Achim et Günter sont côte à côte dans le dortoir des fureurs et des solitudes. Günter ne dort pas ; il lit après l'extinction des feux puis souffle sa bougie. Leurs lits se touchent presque, ils chuchotent dans la pénombre. Günter parle, Achim écoute. Il écoute sans interrompre parce qu'en allemand, l'essentiel est au bout de la phrase ; pour le verbe et le sens, il faut attendre. Achim écoute parce que, dans sa vie, Günter est le tout premier qui lui parle, rien qu'à lui. Il n'est pas réellement le premier mais de la première, il ne se rappelle pas.

— Hé, Achim ? Tu m'écoutes ?

— Comme tous les soirs, crétin…

— N'écoute pas leurs leçons d'histoire, toi, l'Allemand de l'est, le Teuton des frontières russes. N'oublie pas : leur Charles Cinq, notre Saint-Empereur germanique, n'était pas si germanique que ça. Il parlait latin à Dieu, espagnol aux hommes, français aux femmes et allemand… aux chevaux !

Les deux garçons étouffent leurs rires. Puis Günter, grave, tendre, protecteur comme un enfant volubile protège un père mutique, lui dit :

— Fais comme lui. Apprends les autres langues. Tu es doué.

— Günter, rappelle-moi de te corriger demain.

— Pourquoi ?

— Tu es un mauvais Allemand. Ton cerveau ne s'arrête jamais.

— Tu sais… Si l'heure vient… Je ferai mon devoir.

— Dors.

Et les deux adolescents reposent leur tête sur l'oreiller, en pensant à des batailles ou des livres. Parfois, Günter entend Achim parler dans son sommeil. Il parle une langue inconnue avec des intonations germaniques mais ce n'est pas de l'allemand. Günter regarde son dormeur rêver dans une langue étrange. Achim l'intrigue. Quand on aime la lumière de quelqu'un, on aime aussi son ombre. Il n'y a d'amour que dans le clair-obscur. Günter s'endort. Ils dorment jusqu'à ce que la cloche du matin pousse les enfants du dortoir hors du lit, qu'ils courent dans le vacarme des couloirs imbibés d'odeur de choux recuits, qu'ils courent aux douches glacées, à l'office du matin, au réfectoire pour un café clair et du pain noir, au dehors, pour le salut au drapeau, garde-à-vous autour du mât, dans le froid, la pluie, le vent. Dans leur vareuse à col rigide, ces enfants ressemblent déjà à des soldats.

Le dimanche, Achim emmène Günter randonner dans les bois. Ils courent jusqu'à la tour Bismarck, un donjon de briques rouges au sommet de la forêt. C'est une des trois cents tours médiévales que l'Allemagne a édifiées sur son sol et dans son empire colonial. En hommage au Chancelier de fer. Il y a des tours Bismarck en Alsace, en Bohème, au Cameroun, au Tanganyika. Elles sont les tours d'un château invisible, d'une citadelle mentale appelée « Allemagne ». Achim et Günter montent au sommet. Du chemin de ronde, ils voient les landes et les forêts du Brandebourg. Achim aime cet endroit plus que tout. C'est comme un décor de légende allemande, la toile de fond d'un opéra de Wagner. Ils restent longtemps à regarder les horizons. Puis ils redescendent dans le crépuscule d'automne comme sur une musique de Brahms. La nuit, Achim rêve qu'ils grimpent là-haut tous les deux et que c'est haut, tellement haut, qu'ils voient les tours Bismarck de toute l'Allemagne, de toute la terre. Puis ils s'élancent dans le ciel comme des oiseaux migrateurs et survolent le monde allemand jusqu'à l'Archipel Bismarck, dans le Pacifique. Achim aime l'Allemagne. C'est tout ce qu'on lui a donné à aimer : un pays, un paysage. Il aime les filles aussi, de loin ; le désir est interdit par les pasteurs et les filles sont rares dans sa vie de pensionnaire. Son père et sa belle-famille de Mazurie, ceux qui l'entourent chaque été d'une nappe de silence, il ne les aime pas. Il n'aime pas Dieu non plus. Il en avait peur quand il était enfant.

L'intériorité protestante est un néant où il se sent seul, aussi seul qu'au fond d'un puits, dans une nuit noire, pleine de clapotements inquiétants. Achim Feuerberg, quatorze ans, aime l'Allemagne et son ami Günter. Ce sont ses lumières au fond de sa nuit noire.

Douze janvier 1919, 17 heures. Le train cahote dans la plaine boisée du Brandebourg. Feuerberg, vingt-huit ans, colle son visage à la vitre froide du wagon. Dans la nuit qui tombe, il voit un feu à l'horizon. Quelqu'un a allumé un brasier au sommet d'une tour Bismarck. Comme un phare guidant le peuple allemand dans la nuit de sa destinée. Achim revoit sa classe d'histoire ; la salle où étaient suspendues d'immenses cartes du monde, où résonnait la voix forte du professeur, un officier de réserve. Le cours a des airs de cour martiale. On mobilise les enfants du peuple allemand contre les dangers intérieurs : socialistes, syndicalistes, athées, pacifistes. On y enseigne la haine des Français, le mépris des Slaves, la méfiance des Anglais. On y inculque la phobie des ennemis du dehors et du dedans. L'intériorité protestante aidant, ce patriotisme de la peur se mue en introversion collective. Mais Achim et Günter n'écoutent pas ; ils sont fascinés par une des grandes cartes sur le mur. Elle montre l'Europe avec une Allemagne au centre, colorée en vert, et autour d'elle, des taches vertes : les minorités allemandes. Il y en a partout en Europe. Les deux adolescents jouent à les localiser.

— Prussien, dis-moi où il y a des Allemands au sud ?
— Bohème, Moravie, Silésie. À toi, Saxon. Dis-moi où il y a des Allemands au sud-est ?
— Transdanubie, Transylvanie, Banat, Voïvodine,
— Et plus à l'est ?
— Slovaquie, Galicie, Bucovine, Moldavie et sur la Volga.
— Ah bon ? Il y a des Allemands en Russie ?
— Oui. Même en Crimée.
— À moi. Au nord-est. Chez moi. Sur la Mer de l'Est que les Slaves appellent Baltique. Il y a des Germano-Baltes là, en Estonie, en Livonie, en Courlande…

— Hé, Achim, tu as vu tout à l'ouest ? Sur la Mer du Nord. Ils ont coloré la Belgique en vert. Ils parlent allemand là-bas ?

— Je ne sais pas…

Après le cours, Günter et Achim se plantent devant la carte et tentent de situer les autres minorités dispersées dans cette mosaïque qu'est l'Europe de 1900 : des Baltes et des Polonais en Russie, des Hongrois en Roumanie et des Roumains en Hongrie, tellement de peuples slaves différents en Autriche, des Grecs chez les Ottomans et des Turcs en Bulgarie, des Albanais en Serbie, des Irlandais en Grande-Bretagne, des Juifs et des Tziganes partout. Le professeur arrive derrière les garçons et poursuit sa leçon avec la subtilité d'un marteau-pilon.

— Allons ! Oubliez ces minorités. Regardez l'autre carte. La carte politique de l'Europe.

Les adolescents quittent des yeux la carte bigarrée des peuples et des langues, ce beau tableau multicolore abstrait. Ils lèvent les yeux vers la carte politique, simple, sans nuances. Sur cette carte, le puzzle européen n'en est plus un. Il n'y a que quatre Empires, une République et huit royaumes. Depuis l'Empire romain, l'Europe n'a jamais eu si peu de frontières. L'Allemagne trône au centre, comme une force centrifuge. Et leur professeur d'histoire est catégorique.

— Jeunes gens, vous voyez bien nous sommes encerclés par des peuples hostiles… Si l'Allemagne entre en guerre avec l'Empire russe, la France et l'Empire britannique nous attaqueront à revers. Et les Français sont les alliés des Serbes et seront les alliés de soi-disant neutres comme les Belges. Quant aux Anglais, c'est simple : ils nous menacent partout sur les mers. Je n'ai aucune confiance en l'Italie catholique pour honorer son alliance avec nous. Non. Croyez-moi, jeunes gens, avec nos frères autrichiens, nous sommes seuls. L'Allemagne est seule. Elle est seule dans un monde qui la jalouse et la craint…

C'est ainsi qu'on inculque à toute une génération de têtes plus ou moins blondes, un sentiment d'encerclement. Les nationalistes allemands se voient en haut d'une citadelle assiégée, surplombant la plaine où campent les armées cosmopolites des nations sans âme. Car l'Angleterre et la France sont des démocraties sans âme. La preuve : elles ont fait alliance avec la Russie tsariste, le pays le plus féodal, le plus rétrograde d'Europe. Même les socialistes allemands en ont peur et cette peur déterminera leur ralliement à la guerre. Le sentiment d'encerclement allemand est d'autant plus puissant qu'aucun autre pays n'a mieux intégré la théorie darwinienne. La théorie de la sélection des plus aptes, les intellectuels allemands l'appliquent à la géopolitique. Ils voient l'Allemagne en lutte pour sa survie.

Des années de sciences, de philosophie, de progrès sociaux, d'expansion industrielle, de musique et de littérature disent aux Allemands : « vous êtes les plus aptes. » Le monde entier leur dit : l'Allemagne a raflé vingt-six prix Nobel en quinze ans. Le monde ne doit pas lui résister. En 1900, Ludwig Bamberger, fondateur de la *Deutsche Bank*, écrira que la génération qui arrive a grandi dans la haine de tout ce qui ne se soumet pas aveuglément à l'Allemagne... C'est l'éternel problème avec les Allemands : ils ne mégotent pas. Ils vont au bout des choses comme ils vont au bout des phrases. Et pour le malheur de l'Europe, ils vont aussi au bout de leurs paradoxes.

Douze janvier 1919, 18 heures. Le train roule dans la nuit. Une veilleuse rougeâtre éclaire le visage de l'ex-lieutenant Feuerberg. L'alcool et les cahots le bercent. Il chantonne des chansons dans sa poitrine. Il en connaît des chansons. Au lycée, ils apprenaient par cœur des poésies nationalistes. Il entend sa classe réciter, à trente voix, les strophes de Friedrich Rückert, *Geharnischte Sonette*, la poésie des cuirasses. Il revoit le maître qui tourne le dos, Günter qui s'arrête de déclamer, tire la langue et lui fait un clin d'œil. Pourtant, le soir, au dortoir, Günter et quelques camarades à la voix claire chantent encore un *Lied* triste de Rückert, quelques couplets sur une musique de Mahler : les *Kindertotenlieder*, les chants des enfants morts. Puis, c'est l'extinction des feux. Le dortoir s'endort... Les bougies s'éteignent une à une, soufflées par les enfants comme s'ils expiraient leur âme. Les paroles de la chanson flottent encore.

> N'étreins pas la nuit qui est en toi,
> Verse-la dans la lumière éternelle.
> La lumière s'est éteinte sous ma tente.
> Adieu lumière joyeuse de ce monde.
> Je vois des flammes si sombres,
> Dans tes yeux, dans ton regard.
> Regarde-nous, bientôt nous serons loin.
> Tu vois encore nos yeux dans la clarté du jour,
> Dans la nuit à venir, ce ne seront que des étoiles.
> Souvent je pense que nous nous promenons,
> Que bientôt nous serons de retour à la maison.
> C'est une belle journée. N'aie pas peur,
> Ce ne sera qu'une longue promenade.

Douze janvier 1919, 19 heures. Le train de nuit quitte le Brandebourg, direction Brunswick via la Saxe. Un panache de fumée noire se fond dans la nuit d'hiver. Dans la nuit qui l'éloigne de Potsdam, Achim entend, derrière lui, le vacarme des couloirs, les gosses qui courent vers le réfectoire, les cris sous les marronniers, les voix qui murmurent la berceuse de Mahler… Morts ou survivants, tous ces enfants sont des fantômes à présent. Le train roule. Achim Feuerberg s'endort dans son manteau de feutre. Le train s'éloigne. La Prusse, la Mazurie, Berlin-la-Rouge, Berlin-la-Verte, Potsdam, Wannsee et l'Allemagne… Tout s'éloigne. Tout s'efface. Sauf la guerre.

Chapitre V
Le plus bel été du siècle

Mayence. Zone d'occupation française.
Hôtel *Kirschgarten*. 18 janvier 1921. Midi.

Le capitaine Marc Rosenfeld se regarde dans la glace du bar de l'hôtel. Il enlève son képi, passe une main dans ses cheveux pour redresser ses boucles brun-noir. Il lisse ses moustaches fines qui mettent un peu de fantaisie horizontale dans ses traits allongés, tire sur son uniforme, ajuste le ceinturon. Il veut plaire. Il voudrait faire plus jeune, cet homme de trente ans dont les yeux disent qu'il est déjà vieux. Sybille Hesselbach entre dans le bar l'hôtel. Elle est assortie au tableau, à ce décor de boiseries claires, d'abat-jours Art nouveau et de velours rouge. Sa robe blanche, droite, tubulaire, tombe jusqu'aux genoux. Elle a presque adopté le style « garçonne » mais ses longs cheveux défaits lui donnent un air de mode future. Rosenfeld est encore plus séduit que la veille. Ils s'installent dans les fauteuils, autour d'une table basse où il fait servir du vin blanc.

— Vous ne pouvez pas vous passer de moi, Capitaine ?

— Vous êtes mon premier témoin allemand, Sybille. Et j'ai beaucoup de questions.

— Auriez-vous traduit le carnet de Feuerberg ?

— Pas encore. Si vous aviez voulu le lire, nous aurions gagné du temps.

— Mais je n'ai pas voulu… Si vous alliez au fait ?

— Allons-y. Nous avons identifié l'homme qui vous a apporté le carnet. Bernhard Eberman. Il était dans nos fichiers. Un Souabe de

Bavière, permanent du SPD. Pas un dangereux Spartakiste comme vous, Sybille. Un pur produit réformiste, *Herr* Eberman, un proche collaborateur des chefs socialistes, Philipp Scheidemann et Hermann Müller...

— Vous en savez des choses...

— Je sais même qu'avant-guerre, Bernhard Eberman était chargé des manifestations communes des socialistes allemands et français. C'était une petite main de l'Internationale ouvrière.

— Voilà pourquoi vous avez une fiche sur lui.

— On ne peut rien vous cacher. Si c'est bien lui qui était à Paris avec Feuerberg en 1919, son passé pourrait expliquer sa présence. Il venait peut-être réactiver les liens du SPD avec la SFIO (³). Mais pourquoi Feuerberg faisait-il partie du voyage ? Votre ex-fiancé était-il sympathisant socialiste ?

— Achim ? Ha haha. Certainement pas. Un militaire de carrière de la *Deutsches Heer* ?

— Pourquoi pas ? J'aurais pu voter Jaurès, moi.

— Vous avez raison. Pourquoi pas ? Mais non. C'est peut-être le seul domaine où mon frère et moi aurons tout à fait échoué avec Joachim... la politique. Il aimait l'Allemagne. Il était nationaliste, comme beaucoup d'autres, plus ou moins abruti par l'irrationalisme allemand. Mais en fait, je ne savais pas exactement ce qu'il pensait... Il ne détestait pas réellement les pays voisins. Il a appris le français avec une telle facilité. Il ne détestait pas les « ennemis de l'intérieur » comme disait la propagande. Les dangereuses marxistes enjuivées comme moi. La preuve, il m'aimait.

— Et vous ? Vous l'aimiez ?

— On s'éloigne de votre enquête, Capitaine.

Marc Rosenfeld et Sybille Hesselbach reprennent simultanément leur verre à pied, boivent une gorgée de vin frais et reposent les verres

---

(³) SFIO. Section française de l'Internationale ouvrière, le parti socialiste français, « équivalent » sans être l'égal du puissant SPD allemand.

d'un mouvement synchrone. Ils se regardent franchement. Avec un air étrange, Sybille reprend :

— Je crois que j'ai la réponse à votre question. Je veux dire votre première question : pourquoi Feuerberg était-il avec Eberman ? Hier, pour la première fois depuis la mort de Günter, j'ai appelé mon père. Je voulais savoir ce qu'il savait.

— Votre père… Un homme d'affaires au cœur de la chimie industrielle allemande… Proche du gouvernement de Weimar, n'est-ce pas ?

— Mon père est toujours proche du pouvoir, Capitaine. Que ce pouvoir s'appelle Guillaume II ou Scheidemann, peu importe si c'est bon pour les affaires. Je crois que vous savez très bien qui il est… Hier, je l'ai appelé. Pour la première fois depuis 1918… Il m'a appris que c'est lui qui avait recommandé Feuerberg à Eberman.

— Ils auraient été envoyés à Paris par le SPD ou carrément par le gouvernement. C'est bien une affaire d'espionnage.

— Curieux espions si vous voulez mon avis. Mais c'est mon ordure de père ou *Herr* Eberman qu'il faudrait interroger. Pas moi. Je vous laisse.

— C'est que… Je n'en ai pas fini, Sybille.

— Moi si. Je suis libre. Même si le traité de Versailles dit que nous, les Allemands, sommes vos obligés parce que nous étions… des barbares, des sauvages, des fauteurs de guerre. Même ceux qui sont morts pour que la guerre cesse. Comme mon frère.

Sybille s'arrête, terrassée de l'intérieur par sa propre colère. Elle renonce à crier, à hurler. Elle a appris à traiter son désespoir comme un dompteur traite un animal sauvage pour le tenir à distance. Sybille fait claquer le fouet à l'intérieur de sa tête. Non… Pas aujourd'hui. Il fait beau sur Mayence, un temps froid et sec qui cristallise les choses et les sons. Elle ne restera pas là à hurler intérieurement dans le néant. Pas aujourd'hui. Elle veut sortir, vivre, rêver… Elle dit d'une voix calme, amicale même :

— Je vous laisse, Marc. Hé oui, vous m'appelez Sybille, je vous appelle Marc. Voyez-vous, chez nous les Huns, les femmes votent. Elles décident. Elles sont libres. J'ai des choses à faire à l'Université de Mayence. Je reste à votre disposition mais je repars pour Fribourg le vingt-sept janvier. Ne faites pas cette tête, nous nous reverrons. Merci pour le vin.

Sibylle quitte le bar. Elle remonte dans sa chambre, enfile son manteau beige à col de fourrure, son bonnet et ses gants noirs. Le vin blanc bu à jeun lui tourne délicieusement la tête. Elle sort de l'hôtel et marche dans le *Kirschgarten* le long des maisons à colombages, en contrebas de la cathédrale de grès rouge qui domine Mayence. Elle passe devant la statue de Gutenberg et arrive à la fontaine de la *Neubrunnenplatz*. Mayence, au cœur des vignobles du Rhin et du Main, est une ville tranquille sous le ciel clair d'hiver. Mayence a tout été : camp romain, principauté épiscopale, cité de la ligue rhénane, département français, ville de Hesse prussienne. Ces villes frontières ont toujours l'air de dire : « non, il ne se passe rien. » Sybille arrive sur la promenade du Rhin. Un bateau vapeur descend le fleuve immense. Il fait chanter sa sirène comme un salut. Un détachement militaire défile sur le quai : des soldats de la 35e division française qui sont là depuis deux ans et resteront encore dix ans. Plus loin, Sybille sourit à un couple amoureux en promenade, un tirailleur sénégalais au bras d'une jeune Allemande. Sybille sait ce qui pourrait se passer avec ce capitaine français, ce Rosenfeld. Ils pourraient devenir amants. Ce serait facile, délicieux peut-être. Il est beau, ce Français. Il n'est pas idiot. Mais non. Non. Un jeune étudiant de vingt ans l'attend à Fribourg. Un bel amant qui n'a pas fait la guerre ; elle n'est pas dans ses yeux. Elle n'est pas sûre de l'aimer vraiment, seulement il l'a rend sereine. Quand il est dans ses bras, elle serre contre elle de l'avenir, pas du passé. Sybille quitte la berge du Rhin et revient au cœur de la petite ville. Après déjeuner, elle passe l'après-midi à la bibliothèque de la vieille université. Elle travaille un peu aux ouvrages anciens posés sur sa table. Elle rêve. Elle revoit Günter en 1910, quand il était à l'Université de Berlin. Les années avaient passé. Achim et Günter sortaient de l'adolescence. Sybille pense souvent à ces années comme si elle avait attrapé un trouble obsessionnel de la mémoire, un trouble qui la ramène inlassablement aux années-lumière d'avant-guerre.

Wannsee, été 1910 : Sybille, Günter et Achim passent les samedis et les dimanches dans la villa familiale. Friedrich Hesselbach est souvent absent, retenu ailleurs pour ses affaires. Les jeunes gens sont d'autant plus libres. Sybille est élève de jour dans une école de la bonne société. Günter fréquente vaguement une faculté de lettres. Joachim a intégré une *Kriegsschule* pour devenir officier. L'armée lui permet de rester disponible, utile à rien, prêt à tout. Comme les autres armées d'Europe, l'armée allemande est un repaire d'officiers sans affectation. Achim et Günter partagent toute cette liberté nouvelle, les repas de midi dans les parcs, les virées nocturnes, les heures à lire au soleil. Le duo devient trio à mesure que Sybille devient une jeune femme et elle va vite.

Berlin, automne 1911. Le père d'Achim est mort dans l'indifférence de son fils de vingt ans. Il ne lui laisse aucun héritage mais sa solde lui permet de vivre sous les combles d'un hôtel berlinois, le Silésia. Cette chambre devient le repaire du trio. Ils passent des jours faciles. Berlin est belle, même si les Hohenzollern lui imposent une lourde architecture néo-classique. La cour impériale a un mauvais goût colossal ; Günter dit qu'il suffit que l'Empereur aime un artiste pour qu'on soit renseigné sur sa totale nullité. Mais Berlin échappe à la chape impériale. Les architectes inventent le modernisme avec ses façades industrielles gothiques, ses cathédrales de science-fiction. Les jeunes Hesselbach sont passionnés de toute cette modernité ; ils sont avant-gardistes, amateurs de sécessions dans la peinture, l'architecture, la poésie, la vie. Ils sont férus de psychanalyse, de futurisme, de Bartók, de Mahler, des verticalités d'Olbrich, des cités jardins, des nouvelles pédagogies, de tout ce qui fait des Empires centraux la forge de la modernité européenne. Les passions des Hesselbach infusent lentement dans le cerveau de Feuerberg. Tellement moins privilégié qu'eux, Achim est plus observateur qu'amateur et garde en lui quelque chose de perpétuellement inaccessible. Fût-ce à lui-même. Il est toujours fasciné par les images. Cette fois, c'est Sybille qui l'initie. Elle lui fait découvrir *Die Aktion, Der Sturm*, ces revues expressionnistes où Otto Dix jette des fulgurances rouges. Un soir, Sybille le couvre d'un lumineux regard gris et dit : « tu ressembles à un autoportrait d'Egon Schiele, Achim. Celui avec la chemise à rayures. C'est toi... » Et lui punaise un nu féminin de ce peintre autrichien au mur de sa chambre. Sybille sent qu'il a envie d'elle, un désir qu'il retient. Achim dégage parfois une forte odeur d'amour physique. C'est un jeune officier d'avant-guerre, il fréquente les femmes sous les lampadaires. À cette époque, il tente d'initier Günter aux rendez-vous sous les portiques, aux nuits dans les bras des prostituées. Et il a la confirmation de ce qu'il sait déjà : Günter Hesselbach n'aime pas les femmes, pas physiquement. Pourtant il l'accompagne ; il s'allonge sur le canapé du bordel ; il parle et rit une heure avec une jeune femme puis s'en va et ne monte jamais. Günter disparaît parfois des semaines entières, sans qu'on sache où il est. Quand il revient, il sourit et glisse malicieusement quelques mots italiens dans la conversation. Parfois il parle de Paris comme s'il en revenait. Sybille ment à son père pour protéger Günter ; elle invente des prétextes à ses absences, des amies amoureuses, des voyages d'étude. Les rôles s'inversent ; elle le protège des exigences d'un père excédé. Quand Friedrich Hesselbach interroge son fils à propos de cette réputation scandaleuse d'inverti qu'on lui prête, il le défie en disant : « on ne prête qu'aux riches, père. Vous savez bien cela... » Tout comme son frère, Sybille, non plus, n'a presque plus rien d'un enfant de la bonne société berlinoise. Elle fuit les thés dansants et les *Gartenpartys*. Elle veut vivre libre comme toutes ces femmes qu'elle admire : Lou Andreas-Salomé, Rosa Luxemburg, Lina Morgenstern, Elizabeth Robins, Madeleine

Pelletier, Alma Mahler. Des femmes russes, américaines, françaises... et même allemandes.

Mayence, 18 janvier 1921, 16 heures. La salle de lecture ferme. Sybille quitte l'université. Elle passe par le cloître et s'arrête sous les arcades sombres. Le jardin intérieur tout blanc scintille dans les faibles lumières de la fin du jour. La neige tombe enfin sur Mayence. Mince féérie allemande. Sybille relève la fourrure de son col. Elle rentre, par les rues blanchies, le long des maisons à colombages, dans un décor de Germanie éternelle. Devant un thé au bar de son hôtel, elle convoque encore ses souvenirs. Des souvenirs de neige...

Leipzig, hiver 1913. Günter est encore absent, parti Dieu sait où. Sybille, étudiante en philosophie, se passionne de politique. Elle emmène Achim visiter Leipzig. La capitale de la Saxe est alors la Mecque du marxisme. Peine perdue, Achim ne s'intéresse pas aux cafés politiques enfumés du centre-ville. Lui veut visiter le *Völkerschlachtdenkmal*, le monument dédié à la bataille des Nations de 1813, acte de naissance de l'Allemagne, sorte de Verdun concentré des temps napoléoniens. Il neige sur la plaine saxonne. Le mémorial de la bataille est une sorte de pyramide germano-inca, gardée par des chevaliers de granit, mains vissées aux épées plantées dans la pierre. C'est d'un mauvais goût absolu. La pyramide militariste se reflète à la surface d'un bassin romantique, le lac des larmes. La neige qui recouvre le monument n'arrive pas à faire oublier sa laideur totalitaire. Sybille déteste cet endroit. Ils montent les trois cent soixante-cinq marches et non... même de là-haut, on ne voit pas les tours Bismarck de toute la terre. On ne voit que la plaine saxonne battue par le vent. Achim lui demande si elle aime la vue. Elle répond que le seul intérêt de monter là-haut, c'est que c'est le seul endroit d'où on ne voit pas ce monument affreux. Ils redescendent, lentement, pour ne pas glisser. Ils se font la tête, repartent à la gare sans un mot et se réconcilient dans le train. Elle lui raconte les livres qu'elle lit ; elle aime sa manière de l'écouter, attentif, observateur, sans jamais l'interrompre. Elle l'aime sans trop savoir pourquoi. Elle aime le dessin de sa bouche et ses airs entêtés ; elle aime sa voix, sa voix basse, de ces voix qu'on place à l'arrière des chorales. Elle aime qu'il ne ressemble ni à la jeunesse dorée de Berlin-la-Verte ni aux intellectuels bavards de Berlin-la-Rouge. Elle aime qu'il soit relié à son frère par une amitié sans faille comme par un fil d'Ariane. Achim ressemble à Thésée et son mystère au Minotaure… Elle l'aime parce qu'elle ne sait pas pourquoi elle l'aime.

Berlin, printemps 1913. Achim emmène Sybille et Günter au café-concert de plein air sur les bords de la Spree, là où les Allemands savourent le plaisir d'être très nombreux au même endroit. Ils écoutent des airs de bal musette. Ils l'ont initié à la culture ; il les initie au peuple. Achim les entraîne dans les salles de danse, du côté des cités casernes de Berlin-la-Rouge. Comme on danse dans ces bals de la Belle Époque, comme les garçons et les filles s'entremêlent… Achim les entraîne dans une organisation mixte de jeunesse appelée *die Wangervögel*, les oiseaux migrateurs, un mouvement où les jeunes gens se jettent à corps perdu dans les marches en montagne, les danses autour des feux, les baignades dans les lacs. L'Allemagne, qui a doublé sa population en quarante ans, est le pays le plus jeune d'Europe ; sa jeunesse libère un corps que les pasteurs ont tant brimé. Les vieux introvertis du protestantisme laissent la place aux jeunes néo-païens, cheveux au soleil, jupes courtes, bras dénudés, seins nus sous les tuniques. C'est un monde qui se déchristianise. Pourtant cette jeunesse vit une camaraderie asexuée. Autour des feux, on chante des airs languissants mais on ne se touche pas. Les jeunes gens pensent que la répression du désir les rend supérieurs à ces adultes qui vont au temple le dimanche et aux putes le lundi. La rigueur va jusqu'au refus du tabac et de l'alcool proclamé lors du grand serment de la jeunesse allemande du Haut-Meissner. Le trio Feuerberg-Hesselbach, lui, ne proclame rien. Achim boit sec et va au bordel, Günter fume et vit des aventures interdites, Sybille veut tout connaître et ne confond pas l'érotisme et la gymnastique. À Berlin-la-Verte, sur un lac, on ouvre une plage aux nudistes, les *Freibäder*.

Sybille dit aux garçons : « dépêchons-nous d'y aller avant qu'un fonctionnaire n'édicte un règlement ! » C'est là qu'Achim et Sybille se voient nus la première fois. Elle est nue avec tant de naturel, elle entre dans l'eau jusqu'à la taille, l'eau tremble autour de ses hanches, puis elle se retourne dans les éclats de lumière. Elle l'appelle. Les autres baigneurs restent à jamais abrutis par le passage de cette naïade sublime. Achim est subjugué.

Le lendemain dimanche, elle retrouve Achim dans sa chambre du Silésia, un après-midi de soleil et de silence. Ils font l'amour. Ils sont étrangers aux débordements romantiques, à cette sensiblerie fleur bleue qu'on prête aux Allemands. Ils font l'amour sans serment. Encore et encore. Elle s'en va, transformée comme toute personne qui se rapproche d'elle-même, qui devient ce qu'elle est. Achim reste étendu sur son lit, le goût de Sybille dans la bouche, des sensations sur tout le corps. La chaleur du soir tombe du toit. Un train passe dans un roulement musical. Achim sourit. Il sait qu'au fond de sa nuit noire, Sybille lui apporte l'espoir. La troisième lumière de sa vie s'est allumée.

Berlin, printemps 1914. Günter devient de plus en plus sombre. À cause de l'idylle entre l'ami aimé et la sœur adorée mais pas seulement. Il lit les romans crépusculaires des frères Mann, *Der Tod in Venedig* de Thomas bien sûr mais aussi *Der Untertan* qu'Heinrich publie en feuilleton… un portrait si effrayant de ses compatriotes. Günter a d'étranges prémonitions. Il sait que quelque chose sent la mort comme si les quarante années de paix depuis 1870, livraient l'Europe occidentale à l'angoisse d'un cataclysme. Paroles d'écrivain, sans doute. Les peuples sortis du XIXe siècle mieux nourris, plus instruits et moins pauvres, se foutent de ces angoisses et dansent à perdre haleine. Encore faudrait-il qu'ils écrivent l'histoire. Mais ceux qui l'écrivent sont à l'opéra. Ils vont voir le *Götterdämmerung* de Wagner, ce *Crépuscule des dieux* dont l'élite allemande fait sa référence ultime : l'histoire d'un monde qui brûle et s'effondre pour qu'un autre survienne. De fait, l'Allemagne joue avec les allumettes.

Günter voit les feux de camp des jeunesses allemandes projeter des ombres étranges. Il voit que ces corps à l'exercice ont des mouvements d'automate. Il pressent que la fête de la jeunesse pourrait déraper vers quelque chose de létal. Les vestes pendues aux patères des *Freibäder* sont des vareuses et ces beaux jeunes gens nus qu'il caresse des yeux, sont des militaires. Berlin-la-Verte devient Berlin-la-Vert-de-gris. Günter voit la nation allemande développer ses qualités jusqu'à la caricature, la vigueur déifiée, la propreté maniaque, la discipline inquiétante. Günter répète à sa sœur et à son ami qu'un pays où on fait des concours d'appartement bien tenu, n'est un pays comme les autres. À l'université, le jeune Hesselbach comprend que l'industrie et l'État se confondent. Les facultés des sciences, de médecine, de linguistique, d'histoire, de psychiatrie sont tenues dans les serres de deux aigles jumeaux : l'État et l'industrie. Et la psychiatrie d'état, Günter la connaîtra de bien trop près en 1917. L'héritier Hesselbach se demande ce que ferait un peuple si collectivement doué, dirigé par un gouvernement dévoyé ? Or, l'aristocratie prussienne, la cour impériale, les industriels des *Konzerne*, les Krupp, les Siemens, les Bayer, les propriétaires terriens, son père, l'État-major, tous, lui semblent dévoyés, dévorés de sentiments de supériorité insensés. Il sait qu'une partie de la population suivra ses chefs avec la soumission d'un marteau-pilon. Les Allemands dont les verbes d'action tirent les phrases comme des locomotives, sont capables d'aller au bout des choses et leur plus brillant écrivain, Thomas Mann, dit carrément de ses compatriotes que, pour avoir la paix avec eux, il faut tôt ou tard en tuer quelques millions. Tout cela, Sybille et Joachim ne le voient pas. Sybille pense que l'Internationale socialiste arrivera à désarmer l'Europe par la grève générale, peut-être même la grève révolutionnaire. Achim est ailleurs. Il attend. Il attend que quelque chose se passe, qu'une occasion se présente. Une occasion de quoi ? Ça, c'est flou. Il dit parfois à Günter qu'il va pousser la porte de l'Office des colonies et partir aux Samoa, en Chine, dans l'Ouest-Africain, grimper sur les tours Bismarck de l'autre côté de la terre... Un autre jour, Achim lui dit que oui, il a raison, il y aura la guerre et ils iront tous les deux, chercher la gloire dans une bataille rapide, un combat de cinéma, pendant un mois ou deux, gagner une croix au col, une étoile à l'épaule, revenir en fanfare, défiler, danser,... Ils partiront ensuite, tous les trois, voyager dans une Europe soumise au soleil germanique. En France, en Italie, en Grèce. En attendant ce triomphe, le trio part faire le tour de l'Allemagne.

Mazurie. Prusse orientale. Juillet 1914. Ils dorment sous tente, dans les campagnes, au bord des lacs ; ils explorent les forêts et les landes en ce bel été Quatorze, le plus bel été du siècle, dans un monde en paix. Un archiduc-héritier s'est bien fait assassiner le vingt-huit juin, dans une province austro-hongroise mais la fièvre diplomatique est retombée ; l'Europe est en vacances. Le trio s'enfonce dans l'Oberland prussien, vers la frontière mythique du peuple allemand. Ils vont de château en château. Achim leur montre les paysages de son enfance, les collines dorées, le district des lacs, Hartig, Malshöfer, Narthsee, les rivières Neide, Omulef... Achim les épate. Il comprend le dialecte des paysans polonais de Mazurie. Il sait mener une barque avec une perche sur un canal, chasser une pintade, la cuire au feu de bois, trouver son chemin dans les forêts profondes ; il connaît les noms des choses dans deux langues. Sybille et Günter accèdent à une part de Joachim qu'ils connaissaient mal. Leur voyage est une initiation à ce qu'ils sont. L'entente entre les trois jeunes gens au couronnement de leur jeunesse est profonde. Thésée, Ariane et le Minotaure voyagent dans le labyrinthe du monde. Un jour dans une clairière, un photographe itinérant de village en village, fait leur portrait : dans la lumière de l'été, Sybille au milieu des garçons, leurs bras sur ses épaules, ses mains sur leurs hanches... Comme des athlètes après une victoire. Ils sourient dans un bonheur solaire et le photographe capture un instantané d'éternité.

Berlin, août 1914. Ils reprennent pied dans la réalité comme dans un mauvais rêve. Le deux août, l'Autriche a attaqué la Serbie. La

Russie a ordonné la mobilisation générale. L'Allemagne lui a déclaré la guerre. La France mobilise. Les gares allemandes sont bondées de réservistes. Achim a déjà reçu son ordre de mission. Il sera de la deuxième vague à entrer en Belgique : 2e armée, VIIe corps, 13e division. La guerre arrive comme un éclair dans un ciel sans nuages. À l'angoisse de Sybille et à la joie d'Achim, Günter s'engage. Volontaire de guerre. Il aurait pu bénéficier d'un sursis, être affecté dans un bureau ; il demande à partir au front. Le puissant Friedrich Hesselbach obtient que son fils soit intégré dans la section du lieutenant Feuerberg : « c'est plus sûr », pense-t-il. Günter s'engage comme les écrivains Remarque, Rilke, Zweig, Hesse, Stramm, Heymann, Flex, comme Stadler, traducteur de Péguy, comme les peintres Beckmann, Dix, Kirchner. Tous engagés volontaires ou mobilisés volontaires pour le front. Par solidarité. Et parfois parce qu'ils croient que « la guerre va régénérer l'Europe décadente, que c'est l'orage purificateur, que dans un monde civilisé à l'excès, la guerre va révéler les peuples aux âmes supérieures, donner la victoire aux cultures qui ont conservé leurs forces vitales ». Hauptmann, Eucken et Mann ont signé ces lignes atroces. Ils sont, tous les trois, prix Nobel de littérature. L'Allemand qui dira, vingt ans plus tard, que quand il entend le mot « culture », il sort son révolver, n'habitait pas quelque part en Barbarie. Il venait d'un des pays les plus cultivés, les plus alphabétisés, les plus instruits d'Europe.

Achim et Günter partent le quatre août. « Ça ne durera pas », dit-on. Une guerre courte, le monde entier y croit. Ces premiers jours brûlants d'août 1914, une épidémie de mariages se répand dans toute l'Europe. Les jeunes gens, elles en blanc, eux en uniforme, courent de la mairie à l'église, du repas de famille à la nuit de noces, du lit défait au quai de gare. Des centaines de milliers de mariages, des centaines de milliers de promesses de rester vivant. Dans un parc berlinois où le vent d'été fait tourbillonner la poussière des allées, Achim, en uniforme, fait sa demande à Sybille. Et elle lui répond, cinglante et tendre : « nous marier ? Et passer de vierge à veuve en deux étés ?

Non. » Elle détache ses yeux gris des yeux verts d'Achim, regarde droit devant elle comme si elle voyait un horizon derrière les grands pins du parc et dit, avec son regard lumineux, parlant à son fiancé, à la nature, à l'Allemagne, à Dieu :

— Reviens vivant. Protège Günter. Revenez vivants tous les deux. Venez me chercher quand ce sera fini. Et maintenant…

— Maintenant ?

— Emmène-moi à l'hôtel Silésia, Lieutenant. Je veux ton corps et me souvenir de ton corps.

Le lendemain, Sybille n'ira pas à la gare. Elle embrassera Günter dans la rue pendant un temps infini. Ils partent. L'Allemagne achemine quatre millions d'hommes en armes à ses frontières. Dans le train qui passe l'ancienne enceinte de Berlin, les soldats chantent à tue-tête *Die Wacht am Rhein,* la Garde au Rhin.

Mayence. Au bar de l'hôtel *Kirschgarten.* 18 janvier 1921, 17 heures 30. Sur la table basse, la théière est froide à présent. La nuit arrive, une heure dangereuse en hiver. Sybille referme le livre des souvenirs que pourtant elle ne voulait pas ouvrir. Elle aurait dû coucher avec le capitaine français plutôt que ressasser ses palindromes, ces mots qui se lisent dans les deux sens, comme si le présent et le passé étaient des miroirs posés l'un face à l'autre. Elle se sent vidée, flouée, trahie par la vie. Autour d'elle, la lumière change. Une employée du bar attise les bûches du feu ouvert. Dehors, la lune monte sur Mayence enneigée. La neige brille sous la clarté lunaire. On allume les abat-jours de verre coloré. L'ambiance se fait plus chaude. Le serveur lui apporte deux cidres fumants, bien épicés, de ces boissons qu'on boit dans les marchés de Noël du Rhin.

— Mais je n'ai rien commandé…

Le capitaine Rosenfeld en manteau militaire apparaît. Il a les épaules blanchies de neige, les joues fouettées de froid. Après un sourire timide, il ose :

— Puis-je vous arracher à votre solitude, Sybille ? Le temps de partager deux cidres chauds ?

— C'est vrai qu'il n'y a pas grand-chose à faire à Mayence. D'accord, Marc. Vous tombez bien, en fait. Soyons amis. Asseyez-vous. Mais n'espérez rien, je ne suis pas une femme de Paris…

— Comment savez-vous comment elles sont ?

— C'est vrai. Je ne sais pas. Mais vous m'avez compris. Nous ne serons qu'amis. Navrée. Ma peau a développé une allergie aux militaires. Alors, vous aussi, vous étiez dans un train pour le front en août 1914 ?

— Bien sûr.

— Pas d'alliance ? Jamais marié ?

— Séparé. En 1916, j'ai épousé la veuve d'un camarade tué. Tant d'autres ont fait comme moi. Une sorte de mariage amical… De fait, ma femme et moi, nous étions bons amis. Et nous avons amicalement divorcé. Et vous ? Vous n'avez pas voulu vous marier avec Feuerberg ?

— Non. J'ai refusé. Et j'ai attendu. J'ai attendu… qu'ils reviennent tous les deux. Vous comprenez ?

— Günter est revenu fin 1916, n'est-ce pas ?

— Oui. Il est revenu. Ce qui restait de lui est revenu.

Sybille boit son cidre d'une traite et commande deux autres verres. Elle regarde le Français sans ciller.

— Je suis une femme hantée. Mais ce soir, le manoir est fermé. Je vous interdis de me parler encore de tout ça. Les morts prennent trop de place dans ce monde… Parlez-moi de vous. Parlez-moi de la France, de Paris. Dites-moi comment sont les femmes de Paris…

Chapitre VI
Deux Français

Allemagne, entre Brunswick et Hanovre.
Un train, le 13 janvier 1919. La nuit, l'aube.

Le train file dans la nuit noire. Le schnaps file dans la gorge d'Achim. Alcool parfumé, *Steinhäger* au genièvre. Ça le change du schnaps de tranchée, le *Kornschnaps* d'abattoir qu'il buvait au front. La tranchée, c'était le bar le plus pourri et le plus grand de l'univers : un comptoir de sept cents kilomètres de Nieuport à Belfort et des deux côtés, des millions d'hommes qui biberonnaient sec. Au plus fort de Verdun, les Allemands recevaient une gourde de schnaps par jour. Pas assez pour être ivre mort, assez pour mourir ivre… Les Anglais avaient du gin, les Belges et les Canadiens, de la bière, les Français, du vin. Comme c'est moins fort, ils en avaient plus : une bouteille par jour de Sidi-Brahim, pinard arrivé d'Algérie par cargos et camions-citernes. Chez les Allemands, il y avait trois alcoolismes. L'alcoolisme d'attaque, le cinquante degrés lampé à 5 heures du matin avant l'offensive. Les soldats sortaient des tranchées avec les tripes tordues et sur les bottes, le vomi qu'ils venaient de se gerber dessus. Il y avait l'alcoolisme d'attente, derrière les sacs de sable, quand les autres attaquaient. Alcool pour tenir, viser, tirer et oublier. Et il y avait l'alcoolisme d'ennui, le trente-cinq degrés siroté au long des jours interminables dans les granges de l'arrière. L'alcoolisation des armées était folle. Même Günter qui ne buvait avant-guerre que des boissons distinguées, champagne, porto, était devenu adepte du schnaps. Vers 1917, les rations ont diminué quand les états-majors ont réalisé que les hommes ivres fraternisaient avec l'ennemi. Même très imbibé, Feuerberg, n'a jamais fraternisé.

Dans son train, il s'endort dans son ivresse jusqu'à ce que le jour se lève sur l'Allemagne. Le convoi s'est arrêté en rase campagne. Achim ouvre les yeux, lampe une gorgée et, anesthésié d'alcool, sort du compartiment. Il ouvre la fenêtre du couloir. Le froid le réveille. Sur la plaine couverte de givre, il voit passer une masse grise suivie d'une ombre noire. La silhouette a de grosses pattes ; de la vapeur s'échappe de sa gueule, ses oreilles givrées pendent sous son front bossu... Un éléphant. Pas un éléphant rose, un éléphant d'Asie attelé à une charrette suivie d'une paysanne en châle noir. Feuerberg avale une nouvelle gorgée d'eau-de-vie. Le train repart dans ce pays où tous les chevaux sont morts au front, où les civils affamés ont mangé les bœufs, les ânes et les chiens, où d'immangeables bêtes de cirque tirent des chariots vides vers nulle part. L'Allemagne, pays de la nef des fous...

Le train file. Achim revient dans le compartiment et se rendort. Il se réveille à onze heures, s'enfonce dans son manteau. Il a froid ; l'alcool s'est raréfié dans ses veines. Il tremble, il a soif. Il prend le thermos à thé d'Eberman et boit l'eau refroidie d'une traite. Son compagnon est absorbé par une lecture. Feuerberg se demande : « putain... où suis-je ? » Après de longues secondes, il se rappelle : il est en Allemagne, il va en France, il y retourne, encore et encore. Une pluie fine tombe sur la plaine. Les piquets de clôture défilent jusqu'à l'horizon, quelque chose qui rappelle le front, l'Artois, Craonne, la Somme. Feuerberg croit voir des Français avancer au loin, avec leur Rosalie au bout du Lebel, leur baïonnette au bout du fusil, longue et pointue comme une pique, celle qui foutait tant la frousse à Günter qui disait : « ils vont nous épingler, Achim, comme des putains de papillons. » Mais c'est une balle qui a tué Günter. Une balle de *Mauser*. Achim colle le nez à la vitre. Dans cette pluie fine, le cœur brumeux de l'Allemagne ressemble à un immense *no man's land*. Après quatre ans d'absence, Feuerberg ne reconnaît plus rien. Tout s'est couvert d'une grisaille hostile. C'est comme si le paysage ne voulait plus de lui. Il sent que son pays est en pleine métamorphose, dans le cocon endeuillé d'un papillon de nuit, et que la nation qui en sort, le rejette inéluctablement aux frontières, comme un souvenir encombrant, un fantôme à oublier. Comme Sybille, le pays le rejette. Il comprend que l'Allemagne qui ne fait même pas de monuments à ses soldats morts, ne sait que faire de ses soldats survivants. Comme Sybille. Il comprend ce qu'il est devenu : un patriote apatride, un Ulysse sans Ithaque. Il comprend qu'il ne retrouvera jamais dans l'espace ce qui est perdu à jamais dans le temps, qu'il pensera désormais à l'Allemagne et à Sybille comme on pense à l'enfance et l'ancien gosse du pensionnat connaît cette mélancolie atroce, celle du pays où on n'arrivera plus jamais. Alors il quitte cette Allemagne hostile et retourne en France. Ulysse retourne à Troie. « Les Troyens vont me massacrer » souffle-t-il dans son haleine d'alcool. Indifférent à sa propre mort, Achim se met à chantonner des vers de la chanson de Craonne, la chanson des mutinés français de 1917, la chanson des Poilus expédiés au poteau, la chanson interdite. Il l'avait apprise de prisonniers au Chemin des Dames. Il chantonne dans son français mystérieusement mélodieux.

>   Doucement dans l'ombre, sous la pluie qui tombe,
>   Les petits Français vont chercher leur tombe.

Achim connaît une variante allemande qu'il chante plus fort :

>   Doucement dans l'ombre, sortant des sous-bois,
>   Les petits Allemands vont chercher leur croix.
>   Adieu la vie, adieu l'amour, adieu toutes les femmes.
>   C'est bien fini, c'est pour toujours,
>   De cette guerre infâme
>   C'est à Craonne, sur le plateau,
>   Qu'on doit laisser sa peau.

Car nous sommes tous condamnés,
Nous sommes les sacrifiés.

Ils sont forts ces Français à chanter des paroles tragiques sur une musique de guinguette. La chanson chuchotée d'Achim a fait lever les yeux d'Eberman. Il le regarde en biais au-dessus de ses verres de lunettes et lui dit : « Eh bien, si nous entamions la conversion ? » Conversation, c'est ainsi que ceux qui se déversent dans vos oreilles, appellent leur monologue. Eberman parle. Il parle sans s'arrêter, comme on vidange une mécanique. Il parle de tout, de la politique, de la largeur des rails de train, du déjeuner qui n'arrive pas, de la paix, de la guerre. Surtout de la guerre dont il entreprend de retracer les erreurs allemandes. Il dit : « nous n'aurions jamais dû faire cette guerre sous-marine à outrance. Même si le satané blocus anglais nous faisait crever de faim, nous n'aurions jamais dû… En 1917, nous aurions dû accepter la paix blanche, leur rendre la Belgique et leur donner l'Alsace… Nous n'aurions pas dû jouer le tout pour le tout en 1918… Nous… Nous… Nous… » Il dit « nous » en évoquant l'action d'un gouvernement militaire qui les aurait internés dans un camp, lui et tous les socialistes, s'ils n'avaient pas voté les crédits de guerre. Il dit « nous » pour tout, le passé, le présent, l'avenir. C'est ça la guerre, disait Günter à Achim, une épidémie de première personne du pluriel, quand le « nous » se met à grouiller comme des poux de tranchées. Eberman est intarissable :

— Voyez-vous, Feuerberg, à la Conférence de paix, Français et Anglais voudront nous déclarer responsables de la guerre. Il leur faudra un coupable. Nous ne l'accepterons pas. C'est la Serbie qui a allumé la mèche ! La Russie qui a apporté la poudre ! L'explosion a été telle qu'elle a aspiré le monde… Mais ce n'est pas l'Allemagne ! Nous avons mené une guerre défensive. Nous étions encerclés par l'Entente. Et nous nous défendions ! Vous savez cela, n'est-ce pas, vous y étiez…

C'est Feuerberg qui boit et c'est Eberman qui semble saoul. Le social-démocrate est rouge de colère, d'indignation, de ce réflexe de survie qui vous pousse à expliquer obstinément l'inexplicable pour ne pas sombrer dans l'abrutissement, le dégoût, le silence. Eberman est surpris que l'ancien officier prussien n'éructe pas de rage, lui aussi, et reste aussi calme, à regarder par la fenêtre. Il lui redit d'une voix qui fait semblant de douter :

— Nous nous défendions, n'est-ce pas, Feuerberg ?

— Mais oui. Puisque la meilleure défense, c'est l'attaque.

Eberman hausse les épaules mais ne se tait pas.

— Dites-moi... Vous n'êtes pas sur leur liste ?

Achim sait de quoi parle Eberman. La liste. La liste des centaines, peut-être des milliers de soldats allemands que les puissances alliées veulent traduire en justice pour avoir commis des « actes contraires aux lois et coutumes de la guerre ». On ne dit pas « crimes de guerre » en 1919, on dit « actes contraires ». Le Kaiser figure en première place sur cette liste. Et Hindenburg et Ludendorff, les deux dictateurs militaires. Puis les généraux. Puis des sous-mariniers, des officiers, des sous-officiers, de simples soldats, des civils. Les Alliés ont préparé les actes d'accusation depuis 1916, recueillant peu à peu les témoignages, les faits, les noms, dans des documents consignés à la Commission des réparations. Eberman insiste encore, sur un ton insupportablement paternel :

— Vous n'êtes pas sur leur liste, dites-moi ?

Joachim sourit avec ce défi qu'il a toujours dans les yeux quand on le regarde de haut. Alors, Bernhard évoque la Somme, Craonne, le Chemin des Dames, les Dardanelles, les vallées d'Isonzo et toutes ces vagues humaines sacrifiées par les généraux alliés, avançant au suicide vers les mitrailleuses. Il parle aussi des viols perpétrés par les Cosaques en Prusse. Il parle des milliers de morts de malnutrition à cause du blocus infligé à l'Allemagne, à l'Autriche, à la Bulgarie. Il parle des prisonniers autrichiens assoiffés, transportés par les Russes dans des wagons imprégnés de typhus. Tout cela, c'est aussi des

« actes contraires aux lois de la guerre », non ? Bernhard le pense mais comme tout est utilitaire chez un politicien, même la sincérité, il veut faire parler Feuerberg. Peine perdue. Achim tourne la tête et regarde le paysage s'enfuir en arrière. À la question instante – « vous n'êtes pas sur leur liste ? » – il finit par répondre :

— Peut-être. Comment voulez-vous que je le sache ? On en fait des choses en quatre ans, vous savez. On en fait dès le premier jour. Mais si vous voulez, je peux arborer ma Croix de fer à Paris…

— Cessez ce jeu, Feuerberg…

Achim a gagné. Il a fait taire Eberman. Il se taira jusqu'en Basse-Saxe. Alors d'une enveloppe en papier kraft, Achim sort un carnet aux pages reliées en spirale, celui qu'il a acheté à la gare de Berlin. Il prend un stylo et n'écrit rien. Le train contourne Hanovre puis remonte la ligne le long de la Weser. Le voyage déjà ralenti par les pénuries de charbon, devient compliqué. Un soviet d'ouvriers et de marins rouges contrôle Brème. Munster et Essen sont incertains ; on se bat dans les rues, Spartakistes contre *Freikorps*. Le sud de l'Allemagne est en ébullition. À Munich, un héros de l'aviation, un nommé Goering, qui arborait ses médailles, a été tabassé en pleine rue par des étudiants révolutionnaires. La Bavière bascule dans la guerre civile. La haine des nantis et de la guerre répond à la haine de l'armistice et des rouges… Les deux Allemagnes se font face : nationalistes, cléricaux, propriétaires terriens, industriels, démocrates-chrétiens et sociaux-démocrates majoritaires contre socialistes minoritaires, Spartakistes, syndicalistes illégalistes, ouvriers et une poignée d'intellectuels et d'artistes. Weidmann avait tort : rien n'est réglé. L'Allemagne rouge est déchaînée. C'est trop dangereux de traverser ces zones. Tout aussi impossible de passer par le sud-ouest. C'est la pagaille dans Cologne occupée par les Anglais. Les prisonniers libérés, soldats et déportés, prennent les trains d'assaut pour rentrer chez eux, certains après quatre ans. Les prisonniers russes des anciennes armées tsaristes encombrent la ville, ne sachant où aller. Les Américains sont à Coblence. Les Français occupent Mayence.

L'armée belge occupe Aix-la-Chapelle et Krefeld. L'Ouest est partout incertain.

Alors, les deux espions remontent par le nord, contournent Brème, gagnent Meppen en Basse-Saxe, par une ligne secondaire. Ils passent la frontière à pied, à Zwartmeer. Ils entrent aux Pays-Bas sous une fausse identité belge. C'est dans ce pays neutre qu'ils ont rendez-vous avec leurs contacts français. La traversée hollandaise est difficile. Les terres sont inondées par les crues hivernales de la Meuse et du Rhin. Une grève générale paralyse tout le pays. Les ouvriers occupent la moitié des usines et l'armée, l'autre moitié. Des drapeaux rouges flottent sur les moulins. Les deux espions voyagent en carriole puis en automobile à travers des paysages sinistrés. Enfin ils arrivent aux abords de Nimègue, dans un faubourg rural au bord du Waal, un défluent du delta du Rhin. Ils s'installent alors dans une auberge ancienne qui ressemble à un tableau de Vermeer de Delft ou de Pieter de Hooch, avec le carrelage noir et blanc, les petites fenêtres à carreaux, le feu ouvert et les chopes en étain. C'est dans ce décor ancien qu'ils attendent les Français qui vont les infiltrer à Paris. Ils patientent devant le feu ouvert, seuls dans la salle à manger. Achim teste les alcools locaux. Ils apprennent leur rôle de Belges. On leur a confectionné des cartes d'identité et des cartes de presse ; ils seront correspondants du journal socialiste gantois *Vooruit*. Et en avant : cette identité flamande est censée expliquer le frappé germanique de leur français, cette façon qu'ils ont, un peu l'un et surtout l'autre, de prononcer toutes les syllabes, d'accentuer les mots comme si la voix leur tirait dessus, de marteler tous les adjectifs, de dire les *e* muets. Les services secrets allemands n'ont pas réfléchi : un intellectuel flamand au français incertain, c'est peu crédible, même pour un flic parisien. Bernhard qui parle un dialecte souabe assez proche du flamand, croit que ça fera illusion. Il se dit qu'avec la Conférence internationale, il y aura des milliers d'étrangers dans la capitale et que les contrôles policiers seront plus rares. Il pense qu'ils vont nager dans Paris comme des poissons du Rhin dans la Seine. Mais à y réfléchir – et Feuerberg y a réfléchi – ces fausses identités belges, c'est insensé, suicidaire. En France, les étrangers sont soumis à une identification systématique. À la première vérification sérieuse, ils seront découverts et ce sera le conseil de guerre, l'article soixante-seize du code militaire puis le peloton d'exécution. Tant pis. Les dés sont jetés. Ils mémorisent leur nom flamandisé. Feuerberg devient Brandbergen. C'est le nom d'une montagne en Afrique occidentale allemande. Un nom afrikaner, ça fera un peu flamand. Les services secrets allemands ont hésité pour Eberman : traduit en néerlandais, cela donnerait *Everzwijnman*... Imprononçable pour un flic français, donc suspect. Ils ont opté pour un simple *Van Eber*. Il y a sûrement un village de Flandre qui doit s'appeler comme ça. En fait, il n'y en a pas et Eber est le nom d'un patriarche biblique. Cette mission prend les allures d'un testament.

En attendant les vrais Français, les faux Belges se promènent le long du fleuve en crue. Les couleurs ont fui le pays. Le flot gris des eaux file sous le ciel bas, charriant des troncs d'arbres noirs, comme des traits au fusain sur le fleuve blanc. Vers quatre heures, la lumière du soleil passe et le ciel se fractionne en nuages dorés. Le fleuve bleuit ; ils évoluent dans un monde aux couleurs d'un tableau de marine. Ils savent qu'ils sont à trente kilomètres d'Amerongen et du château-refuge de l'Empereur en exil, sa majesté Guillaume II de Hohenzollern. Avec la crue du delta, le dernier château du Kaiser est totalement cerné par le Rhin. Cette nouvelle fait ricaner Eberman. Finir en pays étranger, prisonnier de son fleuve mythique : une vraie métaphore de la vie de ce mythomane de Guillaume II. C'est lui qui avait donné à Feuerberg sa Croix de fer, un jour gris de distribution générale de décorations pour deux cents soldats, un jour d'août où l'Empereur vieilli, alourdi dans son manteau, plongeait la main dans une caisse de médailles que tenait un aide de camp et les distribuait à des héros en série, comme on jette des graines à des pigeons. Il y a des images de cela. On y voit Achim, sale, hirsute, perdu, les yeux sidérés. C'était en août 1918, quelques jours après qu'il ait sorti les survivants de sa section du trou d'obus où Günter est mort et où il est toujours.

Nimègue, au bord du Waal, 20 janvier 1919, vers 15 heures. La pluie tombe. Ils rentrent à l'auberge sans un mot et s'installent sur des tabourets près de la cheminée entourée de carreaux de Delft en émail bleu feu. Ce sont ces carreaux aux motifs naïfs typiques : des navires aux voiles gonflées, des baleines flottant sur les flots, des cygnes dans les roseaux, des cavaliers anciens, des moulins... À force d'attendre, Achim les connaît tous. Puis il quitte les rêveries de l'enfance ; il ouvre son cahier et en feuillette les pages blanches, l'air absent. C'est à ce moment que les Français qu'ils attendaient, entrent dans le petit tableau de Vermeer. Un homme jeune au crâne rasé, habillé bleu horizon et un homme bien plus âgé, cheveux gris, redingote noire, barbe en pointe, lunettes rondes. Le vieil homme se plante devant Eberman, sans bouger ni sourire. L'Allemand se lève et dit d'une voix cassée :

— Savignac, ça fait longtemps.
— Ça fait quatre ans, Eberman.

Après des secondes incertaines, les deux hommes tombent dans les bras l'un de l'autre, avec d'autant plus de chaleur qu'ils avaient hésité. Leurs yeux brillent. Les deux socialistes se regardent comme les vieux se regardent, émus de l'autre, émus de leur émotion. Les jeunes gens, eux, se fixent, sans baisser la garde des regards. Le Français est tondu : un démobilisé. Le coiffeur du régiment lui a rasé une dernière fois la tête à cause des poux. Ces démobilisés, on les appelle les « cinquante-deux francs » parce qu'avant leur retour à la vie civile, les officiers d'intendance leur donnent une vareuse taillée dans des fournitures militaires en disant : « et ça vaut cinquante-deux francs, soldat. » Feuerberg porte le même genre de vêtements, aux couleurs allemandes : une chemise *feldgrau* où se reflètent ses yeux verts, un manteau sans galons, des bottines faites dans des bottes. Achim est une sorte de « dix-sept marks ». Ne sachant que faire, « cinquante-deux francs » et « dix-sept marks » s'assoient sur les tabourets près du feu. Feuerberg commande du *dutch gin* à l'aubergiste. Il dit au Français en montrant la bouteille de terre cuite d'un mouvement de tête : « Bols… Genièvre ». Les ex-soldats vident leur verre cul sec.

La pluie a cessé. Eberman et Savignac sortent bras-dessus-bras-dessous et marchent le long du fleuve en crue. L'eau comme le temps passe à grande vitesse ; le monde a tellement accéléré depuis la dernière fois où ils se sont vus, le vingt-neuf juillet 1914, le soir où ils avaient défilé une dernière fois pour la paix, dans les rues de Bruxelles, avec Emile Vandervelde, Jean Jaurès, Rosa Luxemburg, Victor Adler et les socialistes de toute l'Europe. Il ne reste rien de ce soir d'été. Juste deux vieux militants un peu voûtés, l'un lourd, l'autre sec, plantés devant le fleuve du temps. Ils parlent parfois en français, parfois en allemand.

— Bernhard, ton espèce de garde du corps, là… Est-ce qu'il est sûr ? Il ne m'inspire pas.

— Il ne m'inspire pas non plus. On me l'a imposé. Et le tien ? Il est muet ?

— Non. Le mien, c'est mon fils. Celui qui me reste. Son frère est mort après Verdun.

— Je ne savais pas, Gabriel.

— Il y a tellement de choses que vous n'avez pas su, vous, les socialistes allemands.

Ils marchent encore. Eberman, silencieux, est soulagé de n'avoir pas eu d'enfant. Savignac brise le silence par ces phrases inutiles qui commencent toujours par « pourquoi ».

— Pourquoi avez-vous voté la guerre en 1914 ?

— Gabriel…

— Pourquoi, Bernhard ?

— Et vous ? Pourquoi avez-vous soutenu votre gouvernement et ses alliés russes qui nous envahissaient ?

— D'accord. Arrêtons ce jeu. Aucun de nous n'a rien voulu. Tu sais, depuis la mort de Charles, je ressasse tellement tout ça… Parlons… Parlons du présent.

Les deux hommes s'asseyent sur le muret d'un talus le long du fleuve. Ils sortent leurs pipes et se mettent à fumer pour mieux parler, enveloppés dans l'odeur du tabac vanillé. Gabriel Savignac parle longtemps, peut-être pour se distraire le plus longtemps possible de sa douleur.

— Bernhard, j'ai vu les Belges du Parti Ouvrier à Bruxelles. Ils ne veulent plus vous parler. « Plus jamais » a dit Vandervelde. Les Russes, n'en parlons pas. Aucun contact. Les Bolchéviques mènent leur propre jeu et ils ne sont pas invités à la Conférence de paix. J'ai vu les socialistes italiens à Paris. Ils sont prudents. Avec les élections qui viennent, ce n'est pas le moment de frayer avec vous. Quant aux travaillistes anglais, ils attendent de voir comment les négociations de Paris vont tourner. Ils se fient aux Américains, aux Quatorze points du président Wilson. Tout comme mes idiots de camarades français et comme vous, les socialistes allemands. Vous êtes tous si naïfs avec ce Wilson. Vous allez tomber de haut. Les Suisses offrent leurs services, comme d'habitude. Pour coordonner nos partis. Je n'y crois pas. L'Internationale est foutue, Bernhard, aussi foutue qu'en Quatorze. Plus personne n'en veut. Depuis la guerre et la révolution russe, le mouvement ouvrier est politiquement en ruine.

Eberman souffle la fumée vers le ciel. Le cerveau ralenti par la conversation en français, il réfléchit un instant et se lance.

— Pourtant Gabriel, l'Europe se soulève. En Hollande, la grève générale. Au Portugal, la guerre civile. En Hongrie, la révolution. En Catalogne et en Irlande, c'est l'insurrection. En Belgique, grèves et manifestations. En Angleterre, les charbonnages et les ports sont paralysés. Ça bouillonne de revendications dans toute l'Europe. La classe ouvrière est déchaînée. Même au Luxembourg…

Même au Luxembourg… Les vieux socialistes sourient dans leurs moustaches et soufflent encore leur fumée blanche vers le ciel… Eberman continue :

— La grève, la grande grève européenne, celle qu'on voulait, Gabriel, celle qu'on espérait en 1914 pour empêcher le massacre, elle est là, elle est sociale, elle est partout…

— Quatre ans trop tard…

— Mais elle est là !

— Dix millions de morts trop tard, Bernhard…

Dans l'auberge, Feuerberg et le soldat sans nom attendent devant le feu. Troisième verre déjà. Ils les enchaînent les *onze novembre*, sans parler ni penser comme si les tranchées les avaient définitivement emmenés dans un monde élémentaire, animal. Feuerberg dit quelque chose, juste pour dire quelque chose ou parce que quelque chose lui passe par la tête.

— Pourquoi vous aidez le gouvernement allemand ?

— Si tu crois que je vais te l'expliquer, con de Boche.

— T'as raison. *Halt die Klappe, Schangel* ([4]).

Dehors les deux vieux ont rebroussé chemin et rentrent à l'hôtel à pas menus. Quelques mètres avant le seuil, Bernhard Eberman s'arrête et va droit au but.

— Pourquoi nous aidez-vous, Gabriel ? En souvenir du passé ?

— On vous l'a dit dans notre message, Bernhard. Avec quelques camarades de la SFIO, on a décidé d'aider les républicains allemands. Malgré la guerre. Malgré ce qui se passe à Berlin. Nous avons nos raisons. Tu as vu mon fils ? Mon autre fils… Antoine. Il est géographe. Après sa démobilisation, il a intégré un groupe d'études de l'École normale. Ils produisent des cartes pour Poincaré et les Américains de l'*Inquiry*, documentent les négociations de paix, tracent les nouvelles frontières… Antoine pourra te donner des informations. Tu les transmettras à Berlin, à Müller, à Scheidemann,

---

([4]) Ferme-la *Schangel* (surnom des soldats français, déformation allemande du prénom Jean).

à qui tu veux. Ça vous aidera peut-être à comprendre et donc… à négocier. Dans l'hypothèse où il y aura quelque chose à négocier. Je vous ai trouvé un logement dans le Sixième arrondissement. C'est là qu'on se reverra…

Gabriel Savignac n'a plus rien à dire. Sauf l'indicible.

— C'est vrai ce qu'on dit, Bernhard ? Votre gouvernement a fait assassiner Karl et Rosa ?

— Je n'en sais rien, Gabriel. Je n'en sais vraiment rien. Tout ce que je sais, c'est que si les Spartakistes prennent le pouvoir, Français et Anglo-Saxons envahiront l'Allemagne. Ils ne supportent pas que les Bolchéviques soient à Moscou, alors, tu penses, à Berlin… S'ils envahissent l'Allemagne, la guerre reprend. À coup sûr. Et nous, nous sommes venus au pouvoir en novembre pour faire la paix. Pour que ça s'arrête !

— Je sais.

— Gabriel, pourquoi nous aidez-vous ?

— Pour que ça s'arrête…

Les deux anciens socialistes rentrent dans l'auberge. Autour de la cheminée, les deux soldats ont sifflé la moitié de la bouteille. Achim et Antoine ne semblent pas en ressentir plus d'effet que s'ils avaient bu de l'eau claire. Ils ont l'air ahuris, les yeux perdus dans les flammes du feu qui crépite.

Chapitre VII
Guerre à la Guerre

Mayence. Bureau du capitaine Rosenfeld.
21 janvier 1921. 14 heures.

Une tasse de café fume en pure perte sur le bureau du capitaine Rosenfeld. Il a goûté au breuvage et l'a reposé aussitôt. La gouvernante allemande a eu beau sortir le beau sucrier, la pince en argent, deux tasses, une cafetière à fleurs... Ce café est d'une tristesse. « Ça doit être pour cela qu'ils nous attaquent tous les trente ans : pour boire un vrai café » se dit le capitaine français. Il sourit à son explication culinaire de la guerre. Dommage que le café soit imbuvable, il est fatigué. Il a veillé tard ces derniers soirs, à parler avec Sybille de Paris, de Berlin, de tout, de rien, avant de rentrer dans Mayence enneigée. Il va se passer de l'eau froide sur le visage pour se réveiller ; il a un dossier à lire sur son bureau : le dossier Savignac.

Lors de la découverte de l'assassiné de la rue de Fleurus, la police avait identifié Savignac parmi les visiteurs de l'immeuble. Le nom du vieil activiste socialiste était dans le registre de la concierge. Son interrogatoire n'avait rien donné. Eu égard au sacrifice suprême d'un de ses fils, il n'avait pas été inquiété. En 1919, le commissaire d'arrondissement lui avait dit : « ce serait peut-être bien le vieux socialo qui a suriné le Schleu. Pour venger son fils. Si c'est ça, moi, je lui fous la paix. » Rosenfeld, qui reprenait l'affaire, avait répondu : « ce vieux monsieur aurait tué à la baïonnette un soldat de vingt-huit ans, vous croyez ? » Mais le capitaine avait retenu que Savignac n'avait donné aucune explication à ses visites à la rue de Fleurus. Le vieil anarcho-syndicaliste avait un lien avec l'affaire. Mais lequel ? À présent qu'il a identifié Eberman, le deuxième Allemand, Rosenfeld a trouvé le fil : un fil rouge. Eberman et Savignac se connaissaient avant 1919. La Sûreté qui a des dizaines de cartons sur les relations entre SFIO et SPD, lui a communiqué le dossier Eberman-Savignac. Marc tire doucement sur le filtre d'une anglaise délicate et dénoue les bandes de soie du dossier d'archives. Ça commence comme ça :

Bernhard Eberman né le dix-sept juillet 1864 à Augsbourg, Souabe bavaroise. Mécanicien aux usines de machines-outils Diesel. Délégué syndical puis permanent politique au SPD, monté à Berlin en 1900. Proche de Philipp Scheidemann et d'Hermann Müller au Comité du SPD. Pur réformiste. Légaliste. Bien payé. Marié. Sans enfants.

Gabriel Savignac né à Maraussan (Hérault) vers 1858. Anarcho-syndicaliste de la Confédération des Vignerons. Emprisonné en 1907 lors de la révolte des gueux du Midi réprimée par Clémenceau. Défendu par Jaurès. Acquitté. Monte à Paris, intègre la SFIO. Collaborateur au journal *L'Humanité*. Marié, deux garçons. Maintenant plus qu'un.

Deux provinciaux venus de la base populaire du socialisme européen... Rosenfeld parcourt leur dossier croisé en tentant d'y déceler une suite logique qui expliquerait les évènements de 1919. Avant-guerre, Eberman et Savignac sont des organisateurs de l'ombre de l'Internationale socialiste ; ils sont de tous les congrès pacifistes. Sans affinités idéologiques – Rosenfeld a assez de culture politique pour le comprendre – ils travaillent pourtant de concert. Ils ont appris la langue de l'autre dans les universités populaires. L'officier français parcourt la chronologie de leurs relations marquées par deux années : 1912 et 1914.

1912. Douze mars. Eberman et Savignac organisent le meeting pacifiste de Paris. Scheidemann, président du SPD au Reichstag, monte à la tribune et dit, en français, sous une tempête d'applaudissements : « nous ne tirerons jamais sur vous, camarades français. Notre ennemi, c'est le capitalisme. Nous verrons le jour où le dernier homme qui a cru possible une guerre entre l'Allemagne et la France, mourra dans un asile d'aliénés ! » Faut croire qu'on avait ouvert les portes de l'asile en Quatorze, pense Rosenfeld.

1912. Huit octobre. L'Empire ottoman est attaqué par les Grecs, les Bulgares et les Serbes, alliés des Russes. L'Empire austro-hongrois, allié de l'Allemagne, s'inquiète de la fièvre panslave à ses frontières. Autrichiens et Russes s'aboient dessus. La poudrière balkanique va faire exploser l'Europe. L'Internationale se mobilise.

1912. Vingt-cinq novembre. Eberman et Savignac sont parmi les organisateurs du Congrès de Bâle où les dirigeants socialistes de toute l'Europe proclament que si les nations capitalistes se déclarent la guerre, les travailleurs se mettront en grève pour l'arrêter : on fera la guerre à la guerre !

1914. Vingt-huit juin. Trois coups de pistolet claquent comme on frappe au théâtre. À Sarajevo, un gamin serbe de dix-huit ans tire trois fois sur l'archiduc héritier autrichien. La machine infernale de la guerre générale est lancée. *Tictac tictac*, se dit Rosenfeld, amer.

1914. Vingt-huit juillet, après un mois de tensions et de menaces, l'Autriche-Hongrie bombarde la Serbie. La Russie mobilise quinze millions de combattants. L'Allemagne adresse deux ultimatums : à la Russie, arrêter la mobilisation ; à la France, ne pas soutenir la Russie.

1914. Vingt-neuf juillet. Le Bureau socialiste international se réunit pour un meeting à Bruxelles. Ce soir-là, sept mille pacifistes belges sont massés rue de l'Enseignement et presque autant dans la salle du Cirque royal à écouter les discours du Français Jaurès, de l'Allemande Luxemburg, de l'Autrichien Adler, de l'Austro-Tchèque Nemec et du Belge Vandervelde. On applaudit la paix à tout rompre. Eberman et Savignac sont dans la salle. C'est, selon le dossier, la dernière fois qu'ils se voient. C'est la dernière réunion de l'Internationale. C'est le dernier discours de Jaurès.

1914. Trente-et-un juillet. Eberman est à la gare de Berlin pour souhaiter bonne chance à Hermann Müller que le SPD envoie à Paris décider d'une action commune avec les Français. Trop tard. Dans la soirée, au Café du Croissant, Raoul Vilain, nationaliste déséquilibré, tue Jaurès de deux coups de révolver. Le rideau va se lever. Le lendemain, l'Allemagne mobilise à 15 heures et déclare la guerre à la Russie à 19 heures. *Tictac*...

1914. Deux août. Savignac est à cette réunion tragique, à Paris : les chefs socialistes français, sous le choc de l'assassinat de Jaurès, les yeux rouges de larmes, écoutent Müller annoncer que les socialistes allemands ne voteront probablement pas les crédits de guerre. Probablement pas. Les fenêtres sont ouvertes. Les cloches de Paris sonnent le tocsin. La France décrète la mobilisation. Dans le fracas, les internationalistes ne s'entendent plus.

1914. Trois août. Muller rentre à Berlin. Pendant qu'il est dans le train, l'Allemagne déclare la guerre à la France. Les boutiques allemandes de Paris sont incendiées. Les socialistes français jurent, sur le cercueil de Jaurès, de défendre le territoire. Au Reichstag, le SPD vote les crédits de guerre et Scheidemann déclare : « entre l'impérialisme prussien et la barbarie russe, les socialistes allemands ont choisi. » C'est l'Union sacrée contre le *Burgfrieden*. Les portes de l'asile de fous se sont ouvertes...

1914. Quatre août. Un million de soldats allemands envahissent la Belgique, direction la France. Dans la tête de Rosenfeld, les dates défilent comme les notes d'une marche militaire affolée. Le cinq, le Royaume-Uni déclare la guerre à l'Allemagne ; le six, l'Autriche-Hongrie la déclare à la Russie ; le sept, la Serbie déclare la guerre à l'Allemagne ; le huit, la France la déclare à l'Autriche-Hongrie. Suivront, des mois ou des années plus tard, les entrées en guerre du Japon, de l'Empire ottoman, de l'Italie, de la Bulgarie, du Portugal, de la Roumanie, des USA, de la Grèce, de la Chine. Dans tous les parlements, les socialistes votent les crédits de guerre à leur gouvernement, sauf une poignée de Russes exilés aussitôt en Sibérie, quelques Serbes votant la paix dans le fracas des bombes et quelques Anglais condamnés aux travaux forcés pour trahison.

Le dossier croisé Eberman-Savignac se termine. À Berlin, Eberman est discipliné. Il suit la majorité du SPD favorable à la guerre. Il vote l'exclusion des militants pacifistes qui se regroupent en un Parti socialiste indépendant dont l'aile gauche deviendra la Ligue spartakiste. Eberman est toujours dans l'ombre du SPD ; en 1918, il devient pacifiste *in extremis* quand les ouvriers berlinois paralysent l'industrie de guerre. Le neuf novembre, il est derrière son mentor Scheidemann lors de la proclamation de la République et la signature de l'armistice.

Savignac reste un marginal. La SFIO participe au gouvernement d'Union nationale de la France agressée mais lui est proche des pacifistes actifs, Souvarine, Loriot, Bourderon. Il aide à la diffusion clandestine du livre *Au-dessus de la mêlée* de Romain Rolland. Il milite pour une participation française aux congrès pacifistes de Zimmerwald et Stockholm. Il est interdit de passeport jusqu'en 1918 ; on lui rendra en 1919 lors d'un voyage en Hollande pour raisons professionnelles. Pendant la guerre, ses deux fils sont au front. L'aîné, atrocement défiguré à Verdun, meurt des suites de ses blessures. En 1917, Savignac soutient les mutineries des régiments de Craonne et les grèves dans les usines d'armement de Paris et Saint-Etienne. Clémenceau et Pétain-la-pétoche qui font fusiller les grévistes et les mutins, deviennent ses bêtes noires. Arrive l'armistice et la Conférence de paix. Le dossier mentionne qu'Antoine, son fils survivant, géographe à Normale supérieure, est affecté à la commission qui planche sur les nouvelles cartes d'Europe. Il est au plus proche de l'élaboration du traité. C'est à ce moment que Savignac renoue avec Eberman...

Rosenfeld repose le dossier et réfléchit. Pourquoi ces deux vieux internationalistes se retrouvent-ils à Paris ? L'officier tente de lire les évènements comme eux, pour leur trouver un sens et bâtir une hypothèse qui doit aboutir au corps de Feuerberg percé de coups de baïonnette dans un appartement, rue de Fleurus, le vingt-huit juin 1919. Revenons à 1918. Les Boches ont perdu. Les deux généraux dictateurs, Hindenburg et Ludendorff, lâchent le pouvoir ; le Kaiser part en exil. La jeune République allemande signe l'armistice. Mais à la grande surprise des républicains allemands, on ne les invite pas aux négociations de paix qui commencent. La Conférence interalliée s'enlise. La reprise de la guerre plane. Les généraux alliés se frottent les mains ; Pétain-la-pétoche, Mangin-le-boucher, Foch-la-colombe et Pershing l'Américain se sentent pousser des ailes d'aigles. Pour eux, comme le propre supérieur de Rosenfeld l'avait dit : « signer l'armistice a été la plus grande connerie qu'on pouvait faire. » En préférant le cessez-le-feu et la fin du massacre, les gouvernements de l'Entente ont pris les militaires de court, juste au moment où ils pensaient passer à l'offensive en territoire allemand. En janvier 1919, ces fringants généraux piaffent sur la rive gauche du Rhin ; ils sont prêts à aller à Berlin, tant qu'on n'a pas démobilisé et qu'on a des millions de soldats sous la main. Il suffirait de passer les ponts. Clémenceau lui-même joue aussi avec cette option ; la reprise du carnage est possible. Rosenfeld réfléchit : Savignac déteste le Tigre, le briseur de grèves, le radical-gauche passé à droite, le dynamiteur de la paix blanche, l'ami des marchands de canons. Le vieil anar veut faire quelque chose pour empêcher que tout ne recommence. Il contacte le SPD allemand ! Il leur propose de les tuyauter sur le traité, les préparer à négocier, faire avancer la paix en coulisse. Avec un fils au Comité d'études géographiques, il est assez bien placé pour obtenir des informations. À Berlin, les sociaux-démocrates et les démocrates-chrétiens au pouvoir sont tout aussi terrorisés par le spectre d'une reprise de la guerre, surtout en pleine insurrection spartakiste. N'ayant pas grand-chose à perdre, Ebert, Scheidmann et Müller acceptent l'offre de service de l'ancien camarade français. Ils envoient en France le vieil ami de Savignac : Eberman. Marc tire sur sa cigarette et dit tout haut : « Eberman avec… Feuerberg comme garde du corps, traducteur ou assistant ». C'est l'industriel Friedrich Hesselbach qui l'a recommandé au gouvernement. C'est ce que sa fille Sybille a révélé et à l'évidence, cette femme est étrangère au mensonge. « Ça prend forme » se dit Marc. Donc, les deux espions arrivent en France fin janvier 1919. Leur mission se déroule dans les coulisses de cette grande foire d'empoigne qu'est la Conférence de paix. Ils se cachent sous de fausses identités. Quelles que soient les informations transmises à Berlin, les Allemands devront signer un traité inconditionnel sous la menace des canons, à Versailles, le vingt-huit juin, à quinze heures. Rosenfeld se souvient bien de ce jour ; il était dans la foule dans le parc de Versailles. Que font nos espions ? Eberman, comme d'habitude, approuve son gouvernement et rentre en Allemagne. Mais Feuerberg est assassiné. Marc envoie sa fumée de cigarette vers le plafond et achève son scénario : « il est assassiné parce que… » Rosenfeld ferme les yeux et parachève sa pensée : « parce qu'il est furieux… » Marc ouvre les yeux comme sous l'effet d'une révélation : « comme des millions d'Allemands, Feuerberg est furieux, contre le traité de Versailles. Il n'accepte pas que l'Allemagne ait signé cette paix honteuse. Il devient dingue. Il menace ses complices. » De quoi ? Qu'importe : tuer Wilson, tuer Clémenceau, faire sauter Versailles, tout révéler en Allemagne… Les deux vieux internationalistes craignent d'être découverts. Ils font supprimer Feuerberg. Par des Apaches de la zone. Ou bien par Antoine, le fils Savignac… « C'est un scénario possible, se dit Marc Rosenfeld, un scénario que la traduction du carnet de Feuerberg va peut-être confirmer. »

Chapitre VIII
Lignes de feu

Nord de la France. Entre Arras et Amiens.
Dans un train. 24 janvier 1919. 23 heures.

Le cahier est posé sur les genoux d'Achim, les pages toujours aussi blanches. La locomotive belge, une Armistice P8, écrase lourdement les voies. Le train traverse le Nord de la France. La lune éclaire un paysage lunaire : le front. C'est comme un désert labouré par un fou : un paysage mort, des cratères remplis d'eau noire, des collines pelées, plus un arbre ; les derniers vivants sont des rats qui courent par bandes. Le train traverse les lignes désertes sur une profondeur de cent vingt-cinq kilomètres ; un homme seul traverserait cette distance en quelques dizaines d'heures, là où vingt-cinq millions d'hommes ont piétiné sur place pendant quatre ans. Il ne reste d'eux que le souvenir de leur apocalypse, une balafre énorme sur le visage de la terre. La nature, elle aussi, est devenue une gueule cassée. Des nuages noirs obscurcissent le ciel ; la pluie tombe. Les yeux dans la nuit, Feuerberg scrute cette terre morte où il a passé un septième de sa vie. Il n'y a presque plus personne : quelques soldats dans une gare en ruine, sous un fanal balloté par les rafales, quelques camions remplis de prisonniers. Dans le noir, des éclairs jaillissent à ras de terre ; on entend des explosions. Des prisonniers allemands déminent les zones de combat à la lumière des phares. Parfois ils sautent sur un obus et perdent la vie, une jambe ou la moitié du visage. La pluie glacée tombe plus fort sur la terre morte. Le vent siffle sur la terre lunaire. Le train voyage d'une ancienne ligne de feu à l'autre, avançant dans l'espace et reculant dans le temps, inexorablement, vers la nuit du huit août 1918, le jour de la déroute. Feuerberg fait en sens inverse le chemin de la débâcle allemande et de sa propre déchéance. La ligne de chemin de fer égrène un chapelet de villes mortes : Valenciennes, Péronne, Amiens, Compiègne, Noyon, des noms qui évoquent quatre ans de fuite en avant et quatre mois de fuite en arrière. Achim ne détache pas les yeux de ces campagnes passées de la fureur au silence, de ces millions d'hectares rendus incultes par un milliard d'obus et des millions de cadavres d'hommes et de bêtes qui pourrissent dans l'argile stérile. Il écoute le murmure des morts. Avec Günter, ils avaient si souvent entendu les agonisants appeler leur mère dans toutes les langues des nations en guerre. Leurs compatriotes imploraient une *Mutter*, une *Mum*, une *Mutti*… C'était un souffle animal, un glapissement de chien qui crève parce que les hommes meurent comme meurent les bêtes surtout s'ils sont à l'abattoir, eux aussi. Les ennemis, mourant dans les trous d'obus, pleuraient leur *mom*, leur *māezinha*, leur *maman*. Plus tard, quand Günter était à l'asile, Achim a entendu d'autres mots. Français et Anglais avaient ramené leurs *Schwarze* des quatre coins du monde. Les colonisés agonisaient dans le *no man's land* en murmurant l'*ammaa* tamoul, la *hama* népalaise, l'*oumm* arabe, la *yemma* berbère, la *yaay* sénégalaise, l'*ouba* soudanaise, la *whaea* maorie. Tous ces mots qui disaient mère étaient les derniers mots des morts. Achim savait qu'ils allaient plus loin encore, qu'au dernier moment, ils revenaient aux premières voix, aux mots qui ne veulent rien dire, aux sons qui ne sont que musique, musique des premières impressions, chaleur, lumière, souffle, caresse. Dans sa tranchée trempée, Feuerberg, pieds dans la boue, pensait à tout ça. Les yeux dans la nuit, il enviait presque les gars qui crevaient doucement, vingt mètres plus loin, dans le *Niemandsland*. Recroquevillés comme des bébés s'endorment, ils retournaient à l'argile, à l'informulé, au ventre maternel, là où il n'y a pas de mots, où le monde est un songe. En entendant les chansons des moribonds-nourrissons, Achim se disait que le moment juste avant le néant et le moment juste après, devaient être la même seconde d'éternité. Exactement la même. Voilà à quoi il pensait dans sa tranchée. Quand il est sorti du terrier, le onze novembre 1918, ses pensées l'ont suivie et Feuerberg, ce chien ahuri de survie, était devenu un animal bien bizarre à lui-même.

Dans son train de nuit, il se demande encore s'il avait pris une balle, un coup de baïonnette, s'il avait été mortellement blessé, aurait-il appelé sa mère ? En quelle langue ? Et puis, est-ce que les mères répondent quand on les appelle ? Il ne se souvient plus tellement de sa mère. Du pensionnat, oui. D'elle, non. Il sait qu'il est le fils de son père. Il a ses traits. Et malgré son nom peu courant, son père était un Prussien ordinaire. Mais sa mère ? Achim sait qu'il est le fruit du péché de luthériens tristes, l'enfant d'une liaison ancillaire. Mais personne au village ne lui en a vraiment parlé car personne ne parle dans les communautés protestantes du silence. En 1914, quand les Russes ont envahi la Prusse orientale, ils ont incendié les maisons et détruit l'état civil. Dommage. Feuerberg y aurait peut-être vu un jour l'acte de mariage de sa mère. Elle l'avait signé d'une croix. Au pays de Gutenberg, sa mère ne savait pas écrire. Achim est né sous un X, une croix qui lui aurait confirmé ce qu'il pressent : sa mère n'était pas Allemande. C'était une servante mazurienne. Les premiers mots de sa vie, il les a entendus en mazurien, ce créole de vieux-prussien, de balte, de slave borusse, de latin d'église. Une langue de la nuit des temps, un dialecte de paysans illettrés à l'ombre des châteaux teutoniques, une langue interdite par la germanisation. Mais il ne s'en souvient pas. Il se souvient juste qu'il jouait avec sa mère dans un bois à la lisière d'une tourbière. De ce temps aux antipodes de la guerre, il a gardé des rêves et des souvenirs de rêves. Achim aime ces réminiscences, ces promenades illogiques avec des ombres, sur des sentiers qui ne mènent nulle part, au milieu des arbres avant l'orage ou dans le clair-obscur des landes. Comme des tableaux où on entre en dormant. Il garde le silence sur tout cela. Ce créole secret que sa mère lui parlait, il ne le parle plus et n'en parle pas. Günter lui disait qu'il parlait en dormant, dans un allemand mélangé avec une sorte de langage des rêves. Achim lui disait que c'était du polonais appris avec les ouvriers agricoles du village. Vrai ou faux, il n'en savait rien. En ce temps du grand réveil germanique, la langue maternelle, la *Muttersprache*, révèle l'appartenance au peuple. L'Allemagne de Fichte pense que l'identité passe par les cordes vocales même si quelques crétins apocalyptiques croient déjà qu'elle passe par les veines. Alors l'idée qu'il soit métis, mélange de Slave et de Germain, lui est parfois intolérable, lui qui aime tant l'Allemagne. Mais parfois c'est une sensation douce, comme un secret qu'il partagerait avec sa mère morte. Un secret qu'il partagera un jour avec Günter, un jour qu'ils entendaient agoniser d'autres enfants.

Vers Amiens, vingt-quatre janvier 1919. Minuit. Le train passe au large de Villers-aux-Érables. À l'est, il y a un trou d'obus où Günter est mort et où il est toujours. À Wannsee, on avait enterré un cercueil vide. Avec cette guerre, les morts et les tombes ont cessé d'être au même endroit. En mourant, Achim le sait, Günter n'a pas appelé sa mère, ni sa sœur, ni son ami, ni personne. Il est mort face à lui-même. Il faudrait le raconter à Sybille. Elle ignore tout. Feuerberg se lève et va s'isoler dans un compartiment vide, loin d'Eberman et de ses ronflements de sanglier. Il ouvre son cahier, écrit les premiers mots. Il ne sera jamais écrivain ; il l'ignore, il n'a plus que cinq mois à vivre. Ce qu'il sait, c'est qu'il a des choses à dire. Alors il va écrire. Pour ne plus être un butor, pour extirper cette guerre entrée en lui, pour être aimé à nouveau, ne serait-ce que de loin, pour ressusciter Günter dans le corps d'un texte... L'écriture, il en devine les risques, les vérités fausses, les vrais mensonges et cette errance stupide entre le vrai et le faux dans le *no man's land* de toute vie. Il écrit sur la tablette du compartiment, sous la lumière de la veilleuse. Il trace des mots, prudemment, comme sous la menace du feu. Il avance à couvert, comme à la guerre. Il sait qu'il faut sortir du bois, quitter les camouflages. Toute écriture est un aveu ; le reste, c'est du bilboquet. Écrire, c'est avancer vers les lignes qui tuent. Écrire, c'est longer la ligne de feu. Joachim, ce revenant du cimetière mondial, sent ces choses. Quoiqu'on écrive, on écrit un testament.

Il avait déjà écrit. Dès août 1914, il avait écrit à Sybille. Le soir, Günter, si littéraire, lecteur du meilleur, relisait sa lettre et disait : « Achim, nom de Dieu, tu racontes la guerre comme un écolier raconte une excursion scolaire. » Tous les soudards écrivaient pareil : des banalités patriotiques, des espoirs de victoire, de gentilles lettres pour ne pas paniquer l'arrière, ne pas paniquer soi-même. Pourtant, la détresse, le dégoût et la peur étaient là, dès les premiers jours, parce que tout a dégénéré tout de suite mais cela n'a émergé dans les lettres qu'après.

Dans son train, des années plus tard, Achim soupire, regarde ses mains blanches dans le rond de la lumière de la veilleuse. Ses mains blanches comme le papier. Il ne termine pas la phrase commencée. Il revoit un soir calme, sans canonnades, à Verdun, quand ils se parlaient étendus sur les lits de camp.

— Hé, grand Prussien, c'est fou...

— Qu'est-ce qui est fou ?

— C'est la première guerre où tout le monde sait écrire. C'est la première guerre du monde qui s'écrit.

— Dors, petit Saxon.

Günter avait raison. Une marée manuscrite arrivait sur le front chaque semaine et refluait quelques jours plus tard. Des millions de pages, dans toutes les langues, circulaient entre la guerre et l'arrière-pays de la guerre. Tous les soldats écrivaient aux familles, à part les Belges, les Français du Nord et les Serbes qui ne pouvaient pas puisque, pour eux, l'arrière était derrière l'ennemi, en pays occupé. Les autres écrivaient. Des lettres qui ne disaient rien et disaient tout à force de ne rien dire. Elles étaient creuses, stéréotypées et ce qui restait entre les lignes devenait un gouffre, un abîme. Les soldats cessaient parfois d'écrire, déprimés par les réponses qui ne parlaient que des morts. Les survivants se sentaient seuls entre les camarades tombés à l'avant et les familles en deuil à l'arrière. Günter et Achim échappaient à cette déprime épistolaire grâce aux lettres de Sybille, envoyées de Fribourg. Ses lettres commençaient par « les garçons », parfois par « mes pauvres cons du front » ou bien « Thésée et le Minotaure ». Les deux soldats se demandaient en riant qui était le héros et qui le monstre. Les lettres de leur Ariane étaient vives, distrayantes, vides de patriotisme et pleines d'amour à mots retenus. Elle ne parlait jamais de la guerre. Elle avait cette générosité de les distraire, les rattacher par un fil à autre chose qu'au présent. Elle parlait d'avenir, des choses qu'ils feraient après, des pays où ils iraient, dans le labyrinthe du monde. L'étudiante en philosophie leur envoyait aussi des livres que son frère dévorait et qu'Achim ne lisait pas. Elle leur envoyait les revues des expressionnistes berlinois, avec les eaux fortes de Kokoschka, Kandinsky, Schiele. Kirchner. Ils n'ont jamais reçu le numéro franco-allemand de *Die Aktion* publié en pleine guerre avec des poèmes de Cendrars, d'Apollinaire, des gravures de Derain, Matisse, Picasso. Ce numéro, Sybille le gardait pour plus tard, sachant que la censure militaire aurait intercepté la revue pacifiste et causé des problèmes aux deux garçons. Eux aussi faisaient attention à ce qu'ils envoyaient. Les lettres étaient lues. Tous les États belligérants contrôlaient le courrier. Achim a su qu'on enquêtait sur lui quand Sybille commença à militer activement pour la paix. De cela, ils ne se parlèrent jamais par écrit. En fait, ils ne se parlèrent jamais. Pourtant Günter disait à Achim : « faut raconter tout ça. Si je m'en sors j'écrirai un roman. Pas comme ces cons de romanciers nationalistes. Ni romantisme ni connerie hégélienne, pas de bilboquet, juste la vérité nue. » Günter avait dit cela, un jour du printemps 1916, un des rares jours calmes, avec seulement un duel au mortier de tranchée. Ce jour-là, ils ne l'avaient pas su, mais en pilonnant la ligne adverse, ils avaient tué deux Français, ensevelis dans l'éboulement de leur abri. Des gens, ils en avaient déjà tué, en 1914, en Belgique, dans ce village, après les Cinq Étoiles. Ça, ils le savaient tous les deux et n'en avaient jamais rien raconté à Sybille. En août 1918 aussi, ce fût un massacre, là-bas, à l'est d'Amiens, à Villers-aux-Érables. Ils étaient pris au piège avec les survivants de leur section, abandonnés dans un trou d'obus d'où Günter ne revint pas. De cela non plus, Sybille ne savait rien. Absolument rien. C'est peut-être pour cela que la Première Guerre mondiale est devenue la plus formidable forge d'écrivains de l'histoire humaine. C'est parce qu'un jour, des voix humaines ont émergé du silence immense qui suit le fracas des bombes, des voix comme celle d'Achim, des voix pour dire : « j'écris parce que j'ai survécu ; j'écris pour survivre. »

Vers Clermont, vingt-cinq janvier 1919, 4 heures du matin. Le train de nuit où veillent les deux espions, fait une longue halte avant de reprendre sa marche au-delà de l'ancienne ligne de front. Eberman est pris de vertige à quelques heures de la fin du voyage. Feuerberg est calme, presque serein. Le train mettra encore un temps fou à relier Paris à cause des ponts détruits et des détours par des voies secondaires. Mais on s'approche. Le front s'éloigne, la nature n'a plus sa gueule cassée. Elle redevient elle-même, protectrice et muette. La voie traverse des forêts aux arbres noirs. Il neige. Il neige à gros flocons, une neige lente et obstinée. La terre devient blanche comme une page où les arbres noirs écrivent des histoires. Achim, à sa table, reprend sa phrase abandonnée. Et son écriture devient enfin une voix :

… C'est arrivé en été, Sybille. En plein été. Le plus bel été du siècle. Günter souriait comme un enfant qui voyage. Je le regardais. La guerre, je l'ai vue entrer dans ses yeux. Je l'ai vue disparaître dans ses yeux, quatre plus tard, dans un autre été qui ressemblait à l'hiver. C'est moi qui l'ai tué…

Chapitre IX
Les chiens de meute

> Mayence. Bureau du capitaine Rosenfeld.
> 24 janvier 1921. 11 heures.

La matinée du capitaine Rosenfeld commence par un refus qui sonne comme un aveu. Contactés par téléphone, Friedrich Hesselbach et Bernhard Eberman ont signifié à l'interprète qu'ils ne répondraient pas aux convocations de la police française. Hesselbach était méprisant ; Eberman avait peur. Le capitaine Rosenfeld se dit qu'il ne pourra pas les ramener *manu militari* de Berlin à Mayence. La France ne va pas déclencher une guerre pour élucider l'assassinat d'un petit lieutenant schleu. On ne pourra même pas faire un scandale à la Société des Nations vu qu'à la demande de la France, l'Allemagne ne siège pas à la SDN. Bah… Rosenfeld verra ce que ses supérieurs diront, si toutefois ils disent quelque chose d'une affaire que tout le monde semble vouloir oublier. Mais les morts sont têtus. Parfois, ils parlent d'outre-tombe. La preuve, Alexandre Grialatte, germaniste affecté aux Services interalliés, vient d'apporter la traduction du carnet de Feuerberg. Le capitaine lit ces pages dactylographiées d'une seule traite. Il relève la tête et soupire : « merde… » Méditatif, il regarde longtemps son téléphone. Il se décide enfin à former le numéro de l'hôtel *Kirschgarten* et demande à parler à Mademoiselle Hesselbach.

— Sybille. Le carnet a été traduit. Je l'ai lu.
— Ah ? Et vous avez éclairci votre mystère ?

— Pas du tout. Je vais rentrer à Paris suivre d'autres pistes. Mais je voudrais vous demander une chose. Lisez ce carnet, s'il vous plaît. Cela vous aidera à tourner la page.

— Ça, je ne le sais pas encore. Et vous non plus. Mais c'est entendu, apportez-moi la traduction.

— Vous ne voulez pas l'original ?

— Non. Pas en allemand. En français. Le français mettra mon âme à distance. Venez au *Kirschgarten* mais restez avec moi. Peut-être ne faut-il pas que je reste seule.

Assise dans un fauteuil confortable du bar de l'hôtel, Sybille reçoit les feuillets des mains de Rosenfeld qui s'installe en face d'elle. Elle lit les premières lignes. Elle n'a jamais lu l'original. Elle n'a pas vu les pages arrachées, écrites, réécrites. Le traducteur, qui a compris l'intention littéraire du texte allemand, s'est efforcé de la faire transparaître en français. Sybille s'arrête après quelques paragraphes, pose le paquet de feuilles sur ses genoux, lève ses yeux gris sur Rosenfeld. Elle a tiré ses cheveux en arrière, porte un bandeau qui dégage son front ; elle a souligné son regard d'un trait bleu. Elle avait décidé de ne jamais lire ces lignes pour ne plus jamais entendre la voix de Feuerberg. Il a fallu deux ans et ce voyage à Mayence pour qu'elle se décide à l'entendre dans une autre langue. Les premières lignes lui font l'effet d'une reptation menaçante. Mais elle est prête à lire comme une héroïne de tragédie grecque est prête à entendre les révélations d'un oracle. En lisant, Sybille entend la voix de Joachim, sa voix grave, sa voix basse de fond de chorale. Elle ne lit pas ; elle écoute. Elle écoute cette voix qui lui dit…

C'est arrivé en été, Sybille. En plein été. Le plus bel été du siècle. Günter souriait comme un enfant qui voyage. Je le regardais. La guerre, je l'ai vue entrer dans ses yeux. Et je l'ai vue disparaître, quatre plus tard, dans un autre été qui ressemblait à l'hiver. C'est moi qui l'ai tué.

Ça a commencé en août. Après l'entrée du régiment en Belgique. On avançait à travers champs, sous un ciel bleu. Les cloches des églises ne sonnaient plus. On soulevait de la poussière dans la lumière. Il faisait chaud. On n'entendait rien, le clapotement des gourdes, le souffle des chevaux des Uhlans, nos éclaireurs à bonnets à tête de mort. De l'ennemi, on ne voyait que les cadavres, ceux des soldats belges étendus dans leur manteau noir comme des épouvantails abattus par le vent. Günter les regardait, cherchant une explication. On avançait. On mettait le feu aux meules de paille, aux arbres fruitiers, comme ça, pour rien, pour appauvrir les pauvres, masquer l'odeur des morts. Derrière nous, les fumées blanches montaient dans le ciel sans nuages. On s'est arrêtés dans un bois. On a attendu. Je me souviens du nom de cet endroit… le Bois de Buis. Vers quinze heures, un Uhlan est revenu au galop en criant : *Franzosen* ! On s'est déployés jusqu'à une gare rurale au milieu de nulle part. Les Belges avaient saboté le chemin de fer. On s'est avancés jusqu'à un hameau appelé les Cinq-Étoiles. On a rampé et tapis sur un talus, on les a vus. Les ennemis. Vivants. À vingt mètres. Ils étaient au repos devant une ferme blanche. Avec leurs pantalons rouges, ils étaient si voyants. On a mis une bande de cartouches dans la machine à coudre. On a fait feu. Les Français tombaient. Les survivants se sont réfugiés dans une grange. On les a délogés à la grenade incendiaire. Ils se sont rendus. Les paysans belges ont fui, emportant un blessé. Günter a regardé les morts autour de la ferme en flammes. Il m'a demandé s'il en avait tué un. Comment voulait-il que je le sache ? Il avait été silencieusement courageux. C'est tout ce que je sais. On a fait mouvement vers le village proche. Avant les premières maisons, on a tué un cycliste qui arrivait sur nous. Un adolescent, le télégraphiste de la gare. À cause de sa casquette, on l'a pris pour un soldat belge et on l'a aligné, Günter et moi, à vingt mètres. Quand on l'a rejoint, il gisait, étalé sur sa bicyclette, avec la roue qui tournait encore. C'est alors qu'on a vu que c'était un gosse ; c'est alors qu'on les a entendus. Au loin, des canons de soixante-quinze, des batteries belges qui prenaient nos camarades du 2e corps sous un feu roulant à quelques kilomètres. Le son du canon a crispé les visages. Dans les yeux des jeunes recrues, je voyais la terreur. Günter était ailleurs. À cause du gamin mort sur son vélo qu'on avait tué tous les deux. Je lui ai dit : « c'est moi qui l'ai touché. » Je n'en savais rien. Les autres soldats sentaient monter la fureur à cause du canon et parce que ça faisait deux semaines qu'on se traînait dans ce petit pays. Qu'est-ce qu'ils avaient à nous résister, ces valets de ferme, ces ouvriers mineurs, ces tirés au sort qui n'avaient même pas le droit de vote ? Pourquoi se battaient-ils ?

On est entrés dans ce village. La batterie tonnait toujours. On a cru entendre des coups de fusil. On est devenus furieux. On a sorti les habitants des maisons à coups de crosse. Des masures minuscules qu'on a perquisitionnées mouchoir sur le nez, tant ça puait dans ces porcheries où ils vivaient à quinze. On a rassemblé tous les hommes du village dans l'église. C'était comme un troupeau de blouses grises. On faisait voler leur casquette en l'air, on leur dénudait les épaules, cherchant la marque rouge qu'aurait laissée le recul d'une crosse de fusil. Furieux de ne rien trouver, on les giflait. Il y avait des adolescents. Nos soldats leur gueulaient aux oreilles : *Der Priester ! Wo ist er ?* Ils ne comprenaient pas qu'on leur demandait où était leur prêtre. Ils se mettaient à genoux, pleuraient à chaque hurlement. Je ne sais pas pourquoi je ne leur ai pas traduit la question. On était nerveux, brutaux, enragés, surtout les engagés volontaires. Ils avaient appris des histoires de francs-tireurs, de curés sanguinaires, d'enfants wallons arrachant les yeux de nos soldats pendant leur sommeil : des bobards colportés en Allemagne, des angoisses de l'arrière devenus les cauchemars du front. On voyait rôder des soutanes dans les sous-bois. On croyait entendre des coups de feu isolés et des soldats imbibés de schnaps se tiraient dessus par erreur et accusaient les villageois. Brusquement, j'ai laissé tout ça. J'ai confié le commandement à Weismann, un Westphalien. Avec Günter, on a pris une heure de solitude. On est entrés dans le presbytère du village, une grande demeure blanche, cachée derrière de hauts murs, dans un parc aux grands arbres. Au loin, le canon s'était tu. Une jeune fille envoyée par un caporal, a apporté une bouteille de vin blanc. On a déboutonné nos vareuses. Günter retrouvait un peu de son visage du matin. On s'est allongés sur l'herbe. Nos peaux chauffaient au soleil. Le vin frais rafraîchissait nos bouches. Nos corps étaient secs. On n'imaginait pas le purin où on allait s'enfoncer après, quand tout deviendrait humide, quatre ans durant, le corps et l'esprit pourris par la pluie. Günter m'a dit : « le cycliste… je crois que je l'ai touché aussi… » Puis il s'est tu et on a sommeillé comme à une veillée funèbre, en plein air et en plein midi.

Jusqu'au moment où les Mausers ont aboyé. Weismann est entré dans le parc, il a claqué des talons. Il a dit qu'ils avaient trouvé le curé. On a rejoint nos hommes à la sortie du village. Dans un pré, trois cadavres. Avec le curé, nous avions fusillé deux paysans belges. Dans le dos. Ils étaient face contre terre, nuques brûlées. Motif ? Refus de comprendre des ordres donnés en allemand, soupçon d'intelligence avec le canon de leurs compatriotes, obstruction involontaire à notre avancée… Que sais-je ? Un des fusillés était l'idiot du village ; il avait caressé la crosse du fusil d'un soldat, peut-être qu'il trouvait ça beau. La jeune fille qui nous avait servi le vin, regardait fixement les morts dans le champ. Elle les connaissait, je crois. Derrière nous, la section pillait le village ; les hommes tuaient sans raison les animaux des étables, brutalisaient les civils pour rafler du jambon, du pain, des bijoux. Les soldats brisaient les vitrines des commerces et les miroirs des cafés. On brûlait les vergers, les haies. On tirait en l'air. Des soldats brisaient les statues des vierges dans les chapelles. D'autres allumaient un bûcher au milieu du village pour y jeter des bancs d'église, des bancs d'école, des livres. Avec Günter, on a vu une mère et ses deux enfants qui fuyaient dans les champs. Elle avait un œil crevé. Günter m'a demandé : « tu ne fais rien ? » J'ai répondu : « on s'en va. » J'ai donné l'ordre du départ. On a quitté le village en désordre, pas comme une armée, comme une horde. Günter a dit à la gamine : « au revoir, Mademoiselle. » Elle ne s'est pas étonnée qu'il lui parle en français. Ils avaient l'air aussi sidérés l'un que l'autre.

On a rejoint la ligne de feu, trois kilomètres plus loin, à l'ouest, du côté d'un moulin sans ailes. D'autres sections avaient pris en otage des civils d'autres villages, des vieux, des femmes, des enfants. Ils les poussaient devant eux, sur un chemin en pavés en ligne droite. Les soldats belges tenaient la crête, un peu plus loin. On entendait aboyer leurs clebs à tracter les mitrailleuses. Les balles se sont mises à siffler. Les civils se sont jetés dans le fossé. On s'est déployés dans les champs. Les canons ont remis ça. La terre tremblait. Les obus faisaient exploser des gerbes de terre autour de nous. On s'est couchés dans l'herbe, j'ai serré Günter contre moi. Ça tombait sans arrêt. Ça a tellement duré. Puis le bombardement s'est arrêté net. Les Belges, pris en étau, s'étaient repliés avant d'être encerclés. On s'est relevés. C'était la première fois qu'on voyait des morts allemands. Il y en avait partout autour de nous, des cadavres étendus, des Uhlans morts, des carcasses de chevaux, ventre ouvert, des blessés qui hurlaient, des macchabées au milieu du fourbi de leurs pillages. Les survivants se relevaient, les pantalons plein de pisse. Il faisait une chaleur de feu. On était trempés de sueur. On a bu du schnaps comme de l'eau avant de vomir l'alcool dans le pré. On s'est regardés. C'est à ce moment que l'orage a éclaté. Un déluge tombait du ciel. On était trempés. On quittait l'été pour quatre ans. Günter si souriant le matin, était devenu somnambule, comme enfermé dans un mauvais rêve. On a traversé ce petit pays d'est en ouest. Partout, des représailles, des villages brûlés, des paysans fusillés, des gamins emmenés en captivité. D'autres régiments ont incendié des villes. Louvain a brûlé pendant trois jours. Les cendres et les pages calcinées de la grande bibliothèque volaient à des kilomètres. D'autres compagnies ont transformé Visé, Aarschot, Andenne, Tamines, Dinant, Termonde en villes mortes. Et d'autres villages, d'autres villes. Une traînée de feu et de ruines. Voilà comment c'est arrivé Sybille. En une journée. Une seule. Nous ne faisions pas la guerre. Nous étions la guerre…

— Vous vous êtes arrêtée de lire Sybille. Ça va ?
— Tu n'as pas une autre question, Marc ?
— Si, j'en ai une autre. Voulez-vous boire quelque chose, comme un vin du Rhin ?
— Non. Commande du cognac, Capitaine.
— À cette heure-ci ?
— Oui. Et donne-moi une cigarette…

Sybille aspire une bouffée d'anglaise et reprend le paquet de feuilles. Si elle avait lu le carnet original, elle aurait vu la page blanche entre les deux passages, le changement d'encre, les caractères du manuscrit inclinés différemment. Elle aurait vu un texte interrompu et recommencé à d'autres moments, plus loin, dans un train, dans une chambre à Paris, le soir, la nuit, au petit matin, dans un parc, dans un après-midi tranquille. Sybille poursuit ce texte dont elle ne sait pas les césures.

Après la bataille de Charleroi, on est entrés en France. En septembre, on était à soixante-dix kilomètres de Paris. Un soir, on campait dans une grange, dans la Marne. Allongé près de moi, Günter est sorti de son mutisme pour me dire : « tu sais ce qu'on fera quand on sera à Paris ? On ira le long de la Seine au quai Voltaire ou au quai d'Orsay, je ne sais plus. Acheter des romans pour Sybille. Puis on ira au bordel pour garçons. À l'Hôtel Palmyre à Montparnasse, au Café des Capucines, aux Bains près de l'Opéra. Tu m'attendras au bar. Tu vas aimer ça ; ils ont du choix. Voilà ce qu'on fera à Paris. Quand ce sera fini. » Mais on n'est jamais allés à Paris. Et ça n'a jamais fini. En automne, ils nous ont repoussés. On s'est repliés au nord de l'Aisne. On a pris nos positions. On a creusé un fossé, pour défendre le château des tours Bismarck, la citadelle Allemagne. Notre vie souterraine a commencé. Les pieds dans l'ennui et la boue, entre offensive et contre-offensive. À force de vivre avec eux, dans le fossé du château, j'aimais peu à peu les soldats que je commandais comme on peut. Ils me prenaient pour un junker à cause de mon grade, parfois pour un Juif à cause de mon nom. Mais je ne m'attachais pas ; c'est la première règle de la survie mentale : ne pas s'attacher. Je regardais les autres officiers, ces aristocrates à gueule d'oiseaux. Ils faisaient pareil. J'étais seul. Seul avec Günter. Alors ce n'était pas seul. Il y avait tes lettres aussi, tes lettres lunaires, comme envoyées de l'avenir. Et les revues d'art que tu nous envoyais avec ces images de plus en plus abstraites qu'ils peignaient à l'arrière. Comme si les peintres savaient qu'on allait vers l'abstraction totale nous aussi. C'est bien là qu'on est allés. En février 1916, on a été affectés à Verdun. Un lieu commun dit que Verdun a été l'enfer. Je ne sais pas ce que ça a été. C'était un monde sans mots. Il pleuvait du fer. Un obus par minute pendant deux centaines de jours. Des salves comme des galops de chevaux géants sur nos têtes. Les entrailles de la Terre explosées vers le ciel, des sifflements incessants, un bourdonnement de tout l'horizon, l'onde d'un bombardement monstrueux. Tout était réduit en cendres et nous étions sourds ; Günter avait des vibrations aux oreilles, des tremblements de tête, ses yeux se sont mis sans cesse en mouvement. On avait fait ensemble les deux cents jours de Verdun. On est restés là, oui. Parce qu'on ne pouvait pas sortir… Un matin, dans la forêt sans arbres du Mort Homme, on a été ensevelis sous les retombées d'une explosion, dans un blockhaus. On était comme dans un puits, une grotte, une tombe. Ils ont mis une journée à nous sortir du noir. Combien de temps dure une journée dans l'obscurité ? Günter était en état de choc. Je l'ai porté à travers le réseau de boyaux pour trouver une infirmerie. Le médecin-chef a dit : obusite. Il a été évacué vers l'arrière. Je l'ai vu partir dans un camion avec d'autres blessés, d'autres dingues. Je suis resté seul à le voir partir. Je suis resté seul là-bas puis encore seul ailleurs. Ils m'ont affecté à l'arrière du front. Moi aussi, j'étais fou. Un fou fonctionnel. Toute la folie du monde entrait dans mon cerveau.

Sybille boit une gorgée de cognac qui lui brûle la gorge, descend dans son œsophage, enflamme son ventre. Elle boit à nouveau une gorgée qu'elle fait rouler dans sa bouche avant de l'avaler d'une traite. Elle dit au Français :

— Tu étais aussi à Verdun ?

— Oui. Toute l'armée française y est passée. C'était la rotation du grand troupeau… Quand je pense qu'eux, ils y sont restés toute l'année… Je vois où vous êtes arrivée dans le texte.

— Tutoie-moi, Capitaine…

— Dites-moi… Dis-moi… Dans quel genre d'asile était Günter ?

— Tu le sais sûrement. Les Français ont fait pareil. Les Italiens aussi.

— Électrodes ?

— *Anwendung von Elektrizität bei hysterischen Anfällen.*
Sybille a dit doucement ces mots terribles. Elle tire sur son *imperial blend*, souffle la fumée, réfléchit un peu et reprend en français.

— Usage de l'électricité contre l'hystérie. C'est ainsi que la neuropsychiatrie appelait cela. Günter était d'abord revenu à la villa de Wannsee. Il était prostré. Il avait des crises de panique. Mon père l'a envoyé se faire traiter dans un hôpital militaire du Brandebourg. Frictions à l'alcool, douches glacées, gant de crin. Et puis... les électrodes. Et monter la dose jusqu'à les faire hurler.

Sybille s'arrête ; elle pleure. Rosenfeld sait qu'il ne doit rien dire. Il n'y a rien à dire. Il y a eu, rien qu'en France, vingt-mille patients dans les hôpitaux psychiatriques pour soldats. Idem en Allemagne. On soignait le stress post traumatique au torpillage faradique. Les soldats prostrés, les spasmophiles, les mutiques, les traumatisés, les suicidaires étaient dé-névrosés à l'électricité, à l'isolement au trou, avec des plâtres coulés sur les membres recroquevillés, redressés de force. Les sociétés de neuropsychiatrie étaient d'une telle cruauté patriotique. Les psychiatres s'en donnaient à cœur joie. La terreur faisait partie de la thérapie. Tous ces gamins, qui avaient survécu aux mitrailleuses et aux canons, étaient torturés des semaines durant dans les caves des cliniques. Couchés nus, électrocutés chaque matin sans autre résultat que d'être transformés en animaux tremblants. Sybille a vraiment l'air d'une héroïne de tragédie grecque à présent. Le bleu de son maquillage a coulé de ses yeux comme des scarifications sur les joues. Elle regarde le sol et parle à Rosenfeld ; elle parle comme si elle comblait une page vide dans le récit de Feuerberg. Les mots s'inscrivent sur sa voix blanche :

— Je suis allée chercher Günter dans cet hôpital en avril 1917. Il était comme replié à jamais en lui-même. J'ai quitté Fribourg. Je suis revenue à Wannsee pour rester avec lui, qu'on ne vienne pas me le reprendre. Günter était mutique mais au moins plus personne ne lui faisait du mal. J'ai écrit à Achim. Je lui donnais des nouvelles de

Günter. Achim ne disait rien de la guerre dans ses rares courriers. Ses lettres avaient quelque chose d'inhumain, de mécanique. Il disait où il était, combien de kilomètres ils avaient gagnés, quel temps il faisait. Rien d'autre. Il était aussi mutique que Günter. Jusqu'à ce qu'il revienne au début du printemps 1918. On venait de signer la paix avec les Russes et l'armée concentrait ses forces en France, pour le *Kaiserschlacht*, l'offensive Ludendorff ou Dieu sait les noms donnés à ces hécatombes. Ils voulaient battre Français et Anglais avant l'arrivée des Américains. Il y avait des affiches partout ; c'était *Der letzte Hieb*, le dernier coup...

— Je sais tout ça, Sybille. Ils ont vidé les lycées, les sanatoriums, rappelé les convalescents, ramené les troupes de l'est. Ils ont encore envoyé un million d'hommes en France.

— Et Feuerberg a ramené Günter vers la guerre. C'était à la demande de mon père qui voulait qu'un Hesselbach participe à la victoire. Feuerberg a obéi. Comme un chien bien dressé. C'était étrange. Günter était heureux de retrouver Achim. Il recommençait à parler, à vivre, à dormir... Il m'a dit qu'il voulait repartir là-bas. C'est à ce moment-là que je me suis mis à haïr Feuerberg... Il est venu à Wannsee. On s'est installés dans le salon comme autrefois. On a regardé notre photo de Mazurie. Günter l'a prise avec lui et je les ai vus tous deux marcher vers la grille du parc. C'est la dernière fois que je les voyais. Quatre mois plus tard, on a reçu un courrier. Günter était mort en héros disait la lettre : « tombé à l'ennemi » le huit août 1918. On a enterré un cercueil vide dans le cimetière de Wannsee. C'est la dernière fois que j'ai accepté de voir mon père. Tu sais tout.

— Toi pas encore, Sybille...

Rosenfeld fait un mouvement de la tête vers les feuilles posées sur la table. Il reste deux pages. Sybille reprend la lecture, péniblement, lentement, comme au bout d'une course où elle aurait peur de passer la ligne d'arrivée. Elle sait juste qu'elle doit aller au bout, qu'il n'y a plus moyen de reculer depuis qu'elle a lu les premiers mots de la confession.

Quand Günter était en Allemagne, tu m'écrivais moins. Tes lettres devenaient neutres. Il se passait quelque chose que je ne comprenais pas. Je sentais que ton sourire s'effaçait. Je me disais qu'à mon retour, tu aurais encore voulu de moi. Pas à cause de ces années et de ce sang donnés à l'Allemagne ; je te connais assez pour savoir que ça n'avait pas d'importance pour toi. Je connais ton anticonformisme instinctif qui te fait dire « non » au seul motif que la multitude germanique dit « oui ». Je pensais supporter ça, ta négation de la guerre, ton rejet de ce que j'étais devenu. Je t'aurais aimée de loin, comme un chien au chenil qui n'entre jamais dans la maison. J'étais alors au Chemin des Dames, à apprendre les chansons des Français qui se mutinaient contre leurs chefs. On a cru alors qu'ils allaient craquer, qu'on allait en finir. On a mobilisé toute la nation pour la dernière offensive, atteindre Paris, terminer la guerre. Tant de soldats allemands étaient déjà morts. Ça ne pouvait être pour rien. En face, ils pensaient pareil. J'ai reçu un télégramme de ton père et je suis venu ramener Günter à la guerre. Quand je l'ai revu, il était… Tu sais comment il était. Docile, souriant, avec son air de regarder la vie du dedans. Tellement lui-même à cacher qu'il était tellement autre. C'est là que je t'ai revue. Ça faisait si longtemps. Nous étions devenus si éloignés. Les grands absents gardent tant de leur absence quand ils se tiennent enfin dans les bras. Nous n'avons presque pas parlé. Juste regardé une photo.

Quatre mois plus tard, nous étions sur une terre détruite, à avancer vers un ennemi qui ne rompait jamais. Dans le secteur de Villers-aux-Érables, après Amiens. Tout s'effondrait. On était seuls, affamés, assoiffés, désorganisés, si loin de la citadelle. Plus d'offensive, plus de marche vers la victoire. Nos vies n'étaient faites que de préoccupations animales : faire ses besoins, se sécher, trouver à boire, dormir une heure. Tout ce qu'on voulait, c'était trouver une feuillée loin des tirs. La soupe sentait le purin ; elle était pleine de terre ; on la sentait sur les dents. Les rats couraient à nos pieds. On en mangeait parfois. Eux, en face, ils avaient de la viande dans des boîtes de conserve. On attaquait. Nos canons tiraient à faire trembler la plaine. On les croyait morts mais ils sortaient de terre. Ils nous repoussaient. Ils ripostaient sans arrêt. Les mitrailleuses se déchaînaient. Sons saccadés, sons sourds, sons secs…, une symphonie du meurtre. On faisait des remparts avec les corps, des murs de morts. Il y avait des chevaux morts, soufflés dans les arbres calcinés. Les marmitages retournaient la terre, les corps enterrés ressortaient. Ça pue un mort, Sybille. Tu n'as pas idée. Et des dizaines de milliers de morts, ça pue à imprégner une peau à tout jamais. Günter suivait. Comme s'il savait où il allait. Un jour, dans une étable en ruine où on se lavait d'une eau froide, j'ai vu les traces sur son corps, les brûlures des électrodes sur son torse. Et j'ai su. C'était peu avant un autre jour, le cinq août, un jour où on nous a encore envoyés à l'offensive. Cette fois, on s'est fait totalement laminer. Ce qui restait de ma section s'est retrouvé dans un cratère d'obus, une vraie de bouche de volcan. Impossible de sortir. On était trop près des autres ; ils nous alignaient avec des tirs à ras-de-sol ; ceux qui sortaient du trou retombaient morts. On a attendu trois jours. La première nuit, on somnolait, abrutis de soif et de froid. Puis, un bruit, une reptation, tout près. Des casaques raclaient le sol dans le *no man's land* ; c'était pour nous. Ils nous avaient contournés, ils déboulaient par-derrière, des nettoyeurs de tranchées, cinq ou six à planter leur couteau dans les corps endormis. On s'est battus avec des ombres, dans la panique, avec ce qui nous restait, fusils, baïonnettes, pelles… Un soldat a abattu un camarade par erreur. Eux nous ont tué cinq hommes et grièvement blessé un bleu, un Alsacien, puis ils ont décroché. Günter ne s'était pas battu. Je ne crois pas. Maintenant, le jour se lève.

Sybille le remarque, le récit d'Achim passe du passé au présent comme tout ce qu'on a trop vécu.

Maintenant, le jour se lève. On crève de soif. On lape l'eau de la mare du trou d'obus. On a la diarrhée. On pisse de la bouillie par le derrière. On vit accroupis dans nos capotes trempées de merde. Le gamin alsacien qui a pris un coup de couteau, agonise. Günter, silencieux depuis deux jours, s'en occupe. Le gosse le regarde avec des yeux doux, il le regarde comme si Günter avait le pouvoir de le sauver, de le sortir de là. Les cadavres puent autour de nous. On urine dans nos casques et on boit. On boit notre pisse comme des naufragés immobiles. On est si sales, Sybille, tellement sales. Plus personne ne parle. Sauf le bleu ; il est mort au crépuscule en appelant sa mère. Günter vient me parler, juste avant la nuit. Je le croyais abruti par ces quatre mois, ces trois jours. Il est lui-même.

— Le bleu est mort, lieutenant.

— Je sais, soldat.

— Tu n'es pas un très bon officier, Achim. J'avais vu ça déjà.

— C'est vrai, Günter. Je n'étais pas fait pour ça.

— Qui est fait pour ça ? Tu sais, ça n'aurait pas marché avec Sybille. Même s'il n'y avait pas eu la guerre. Elle serait partie un jour et tu aurais souffert. Même toi, tu aurais souffert… Tu n'étais pas fait pour ça…

Il s'arrête de parler. On a tellement soif. Il se couche sur la pente du trou d'obus à côté de moi, comme autrefois. Tout contre moi. Il me dit encore.

— C'est la dernière offensive, Achim. Elle tuera une dernière fois des dizaines et des dizaines de milliers d'Allemands. Puis on pourra se rendre. Se rendre à l'évidence.

— On ira à Paris, Günter. Je t'attendrai au comptoir, dans les bars où tu voulais aller.

— D'accord. On ira. On se retrouvera là-bas…

Il a les yeux trempés de larmes. Il passe sa langue sur ses lèvres pour les boire. On s'est endormis. Enfin moi, je suis tombé dans un sommeil comateux. J'avais l'impression qu'il me regardait dormir et m'agiter dans mon sommeil. Il est mort au petit matin, Sybille. Le huit août à huit heures, il s'est déchaussé, il a pris sa carabine, sa *Gewehr* 98, l'a coincé entre ses genoux, s'est mis le canon sous le menton. Son pied a cherché la détente, son orteil est entré dans l'anneau. Il a pressé la gâchette. J'ai compris cela après.

Sybille entend le bruit que fait une balle qu'on entre dans la culasse, le crissement de la crosse sur la terre ; elle sent le froid du canon, voit les mains qui serrent le fût du fusil, la poitrine qui se soulève, la dernière respiration. Le pied appuie sur la détente. La mort va plus que vite le son. Günter est mort avant la détonation. Sybille ne connaît rien à tout ça : la gâchette pivote, le chien percute l'amorce, l'amorce éclate, propulse la balle dans le canon et la tête explose, traversée par une balle qui monte au ciel à sept cents mètres par seconde. Une gerbe de sang sort du trou du crâne. Günter roule dans la flaque du trou d'obus. Une coulée rouge colore l'eau boueuse. Voilà. Le fil d'Ariane est brisé. Thésée ou Minotaure, qu'importe qui est mort, l'autre reste seul dans le labyrinthe du monde. Sybille lit les derniers paragraphes, machinalement, restant à la surface des mots. Comme dans un roman où les dernières pages ne sont qu'une longue chute.

Je me suis réveillé au coup de feu. J'ai retourné le corps dans la mare. Je n'ai pas reconnu Günter. C'est en regardant les autres que j'ai compris qui était le mort. Personne ne réagissait. À ce moment, des centaines d'obus ont zébré l'air au-dessus de nos têtes ; ça a percuté les tranchées françaises avec un son vicieux. On a compris. Les Français aussi. Un type sonnait une cloche hystérique pour avertir les autres tranchées ; une cloche médiévale annonçait la modernité 1918 : les gaz de combat. Du trou où on était, on a vu les vapeurs vertes. Ça pue les gaz, ça sent la moutarde, la charogne, les fruits pourris. Notre artillerie avait balancé des obus à croix jaunes, vertes, bleues, tout un cocktail de chlore, d'ypérite, de phosgène. On a entendu les cris d'épouvante des Français. Ils savaient que leurs muqueuses allaient brûler, qu'ils allaient se noyer à l'air libre, asphyxiés dans le vomi répandu dans leurs poumons. Des soldats atteints par les gaz vésicants, hurlaient déjà qu'ils ne voyaient plus rien. Nous, on crevait de trouille que le vent tourne. Les gaz, ça stagne dans les bas-fonds. Ce qui nous restait d'instinct s'est réveillé. On est sortis du trou comme des dératés, abandonnant nos morts, abandonnant le corps de Günter, rampant vers nos lignes. J'ai essayé de me mettre debout mais je suis retombé, les muscles endormis par des jours et des nuits, à croupir accroupi. Derrière nous, les Français asphyxiés étaient sortis des tranchées gazées et nous balançaient des grenades ; les nôtres ont fini par se montrer, ils portaient leurs masques à groins. Ça a dégringolé des deux côtés pendant des heures. On croyait les avoir calmés avec l'attaque aux gaz. On va vu arriver toute une contre-offensive. J'étais au sol ; j'avais arraché un masque à gaz à un mort étendu tout près de moi. Je crois qu'il était mort. Derrière les lunettes du masque, je voyais briller les lance-flammes au loin. Ceux qui marchaient sur des mines mouraient nus, le corps sorti des uniformes par l'explosion. Un type marchait avec ses entrailles dans les mains. D'autres passaient, sans visage, sans yeux… La bataille se déchaînait sur des dizaines de kilomètres… Quarante divisions alliées, des centaines de chars d'assaut nous tombaient dessus. On a reculé de treize kilomètres. Des brancardiers m'ont emporté à l'arrière. Ce huit août, c'était la débâcle, le plus grand jour de deuil de l'armée allemande. Quarante mille soldats tués. On a tout abandonné, les morts, la bataille, les armes. On fuyait le déluge de bombes, le rouleau compresseur de blindés et derrière, ces millions d'hommes de trente nations qui voulaient en finir avec nous. Ils ont fait quinze mille prisonniers. Des compagnies entières déposaient les armes devant des éclaireurs. Notre armée s'est mise à se rendre en masse. Se rendre à l'évidence… On a reculé tout l'automne. Aux frontières belges, on a reformé vaguement nos lignes.

Je vivais comme un spectateur. À voir tout s'effondrer. On apprenait que nos alliés capitulaient les uns après les autres, Bulgares, Autrichiens, Hongrois, Ottomans. Puis l'Empereur et les généraux se sont enfuis. La République est arrivée et le clairon de l'armistice a sonné. On est sortis hagards de nos positions. On a avancé sans armes dans le *no man's land*. Quelques-uns ont dansé avec des Français sortis de leurs lignes. Une danse lente et sans musique. J'ai regardé vers le sud. Le corps de Günter était resté là-bas dans le trou d'obus. J'espère qu'ils l'ont enterré, Sybille. J'espère qu'ils l'ont enterré. Toi, tu ne m'écrivais plus. Je n'existais plus pour toi. Je n'existais plus pour personne. Je n'ai plus que notre photo. Günter l'avait glissée dans ma poche quand je dormais. Avant d'en finir. Tu sais tout. Et moi je sais que toutes mes lumières se sont éteintes.

Joachim Feuerberg, Paris, mai 1919.

Le journal s'arrête au bord du vide. Sybille pose les pages sur la petite table. Au bar, un phonographe joue un Adagio de Bach. Le violoncelle hante la pièce. Sybille prend une grande respiration et soupire. Elle est soulagée. Achim n'a pas terminé sa lettre avec des mots inutiles, avec ces pauvres « je t'aime » qu'on murmure du fond du trou… Achim n'était pas homme à transformer ses sentiments en bouées de sauvetage. Elle éprouve une étrange reconnaissance de lui avoir épargné cela. Marc Rosenfeld comprend que Sybille en a fini avec sa lecture et lui dit :

— Maintenant, vous savez tout. Enfin… Tu en sais beaucoup plus.
— Oui… Dis-moi. Qu'est-ce que la police française a fait du corps d'Achim ?
— Ils l'ont mis dans une fosse commune dans un cimetière de Paris. Je ne sais pas où.
— Merci. Je te laisse ces pages, Marc. Je n'en veux plus. Je pars ce soir. J'espère que tu élucideras ton mystère. Moi je sais ce que je devais savoir. Le reste, c'est ton histoire, votre histoire à tous. Adieu Marc.
— La photo de vous trois… J'en ai fait faire une copie. J'ai l'original avec moi. Je ne vois pas l'utilité de la conserver dans le dossier. Est-ce que tu veux la reprendre ?
— Oui. Donne-la-moi.
— Je me demandais… Tu pardonneras un jour ?
— Quelle étrange question…
— Tu sais, il est écrit, quelque part, dans le Talmud : « je te pardonne non pas parce que tu mérites le pardon mais parce que je mérite la paix. »

Sybille Hesselbach est une femme inattendue. Elle ne répond pas à la leçon de morale du Français mais elle le serre longuement dans ses bras, la tête sur sa poitrine. Qui sait lequel des deux éprouve alors le plus grand vertige… Étrange mélange des sentiments : la jeune femme ressent une tristesse abyssale et une envie montante de sexe avec ce Français quasi inconnu. Elle avait le même désir d'amour pour Achim. Mais Sybille s'en va sans autre mot. C'est quelqu'un qui sait quand tout est dit. Elle fait sa valise en quelques gestes mécaniques et part pour la gare, s'en va retrouver Fribourg, son jeune étudiant amoureux, sa vie dans l'Allemagne d'après. Dans le train qui l'emmène, les voix d'Achim et de Günter résonnent encore. On n'oublie pas un visage mais elle se dit qu'un jour, dans vingt ans, dans trente ans, elle devra faire un effort pour se rappeler les tonalités, la douceur, la gravité ou la colère des mots qui sortaient de leur bouche. Rien n'est plus terrifiant que d'oublier une voix... Elle est jeune. Elle ne sait pas encore que les plus grandes douleurs s'épuisent, laissant derrière elles une désolation sans fin, un désespoir permanent qui devient, peu à peu, le *no man's land* intérieur de toute une vie, comme la terre après la guerre. Sybille s'effondre sur la tablette du compartiment. La joue posée sur le bois froid, elle entend la voix de Günter. Elle l'entend qui chantait cette chanson de Rückert, sur un air de Mahler, ce *Lieder* qui disait.

Par ce temps, par cet orage,
Jamais je ne les aurais envoyés dehors.
Ils ont été emportés, je ne pouvais rien dire.

Par ce temps, par cet orage,
Jamais je ne les aurais envoyés dehors.
J'avais tellement peur qu'ils ne tombent.

Maintenant, ce sont de vaines pensées.
J'étais inquiète qu'ils ne meurent demain.
Maintenant, je n'ai plus à m'inquiéter

Ils ont été emportés par l'orage.
Ils reposent au creux de la terre,
Effrayés par nulle tempête.

DEUXIÈME PARTIE
SUITE FRANÇAISE

Ô lâches, la voilà ! Dégorgez dans les gares !
Le soleil essuya de ses poumons ardents
Les boulevards qu'un soir comblèrent les Barbares.
Voilà Paris, la Cité sainte, assise à l'Occident !
(…) Ô cœurs de saleté, bouches épouvantables,
Fonctionnez plus fort, bouches de puanteurs !
Un vin pour ces torpeurs ignobles, sur ces tables…
Vos ventres sont fondus de hontes, ô Vainqueurs !
(…) Syphilitiques, fous, rois, pantins, ventriloques
Qu'est-ce que ça peut faire à la putain Paris,
Vos âmes et vos corps, vos poisons et vos loques ?
Elle se secouera de vous, hargneux pourris !

Arthur Rimbaud,
L'orgie parisienne, 21-27 mai 1871

Chapitre X
Paris-la-Blanche

>Paris. Gare du Nord.
>25 janvier 1919, 11 heures.

Sortant de la gare, Eberman et Feuerberg découvrent une ville éteinte. Il a tant neigé que Paris n'est plus qu'un dessin au fusain sur une page blanche. Dans ce Paris sibérien, personne. Les transports urbains sont en grève, les taxis ont déserté. Alors ils marchent, seuls au monde, dans le silence ouaté des boulevards enneigés. Ils avancent, le long d'immeubles sans lumière, lentement, une valise dans chaque main. Une fois à la Seine, ils s'arrêtent au Pont d'Arcole et regardent le fleuve noir couler entre les rives. Ces deux touristes muets d'une ville déserte lèvent les yeux sur l'Hôtel de Ville, l'Île de la Cité, l'Hôtel Dieu, Notre Dame... Ils contemplent la ville avec l'innocence idiote des étrangers qui la voient pour la première fois. En vain, ils cherchent la Tour Eiffel dans le ciel gris de Paris-la-Blanche. Puis, les deux silhouettes prennent le chemin du Jardin du Luxembourg. Avec leurs valises, on dirait deux comiques de cinéma muet qui s'éloignent à la fin du film. Ils traversent le parc immaculé, champ de silence aux arbres noirs. Au détour d'une allée, soudain, le son jaillit ; des enfants, en pèlerine et en béret noirs, jouent à la guerre. En passant au milieu des enfants, les voyageurs essuient des cris et des boules de neige. Tous les gamins les bombardent en riant. Dans un nuage de buée, épaules blanchies, tête dans le col, les deux hommes dépassent les lignes de l'enfance. Arrivé à une grille, Achim regarde en arrière. Les gosses victorieux leur crient :

— Crevez ! Crevez, sales Boches !

Puis les enfants recommencent à s'entre-tuer à coups de rires et de neige. Les morts tombent dans la poudreuse et ressuscitent tout de suite ; arrivent des infirmières de dix ans qui ont des yeux de poupées dans les poches pour réparer les faux aveugles. Blaise Cendrars a écrit un jour l'histoire de cette guerre au Jardin du Luxembourg... Désorientés par la bataille, Eberman et Feuerberg se sont trompés de grille et débouchent boulevard Saint-Michel. Ils repartent à droite, passent devant l'École des Mines, au numéro soixante. La façade est grêlée d'impacts ; on a comblé des trous d'obus sur la chaussée. Ce sont des stigmates de bombardements. Cela avait commencé en 1914 par une grenade tombée du ciel, rue des Vinaigriers : pas de victime. C'était presque une farce d'un biplan allemand volant à soixante à l'heure. Mais en 1915, des zeppelins bombardèrent Belleville et firent vingt victimes. Ça a repris, surtout en 1918. Les avions étaient devenus des forteresses volantes filant à cent-quatre-vingts à l'heure, lâchant des chapelets de bombes de cent kilos. Ils détruisirent les magasins Paris-France, l'Asile Sainte-Anne, la station Bolivar, la voûte de la Ligne Deux, une péniche sur la Seine, des maisons des rues Tolbiac, de Lille, de Rivoli et du boulevard Saint-Michel. Au plus fort de l'avance allemande, un canon de trente-quatre mètres pilonnait Paris depuis les forêts de l'Aisne. Le Vendredi Saint, un obus frappa l'église Saint-Gervais, en pleine messe des Ténèbres. On sortit quatre-vingt-cinq cadavres des décombres. Au total, un millier de Parisiens étaient morts dans les bombardements. Arrivés rue du Luxembourg, aujourd'hui Guynemer, les deux Allemands solitaires passent devant une affiche. On y voit une veuve en châle et un orphelin en prière devant une tombe. L'arrière-fond est un Paris en flammes ; dans le ciel est écrit : « ils paieront ! »

Puis Feuerberg et Eberman arrivent à destination, un immeuble haussmannien, rue de Fleurus, après le croisement avec la rue Jean

Bart. Ils entrent sous le porche. Leurs chaussures à clous font sonner le pavé. La concierge qui déneigeait la cour à la pelle, les houspille :

— C'est vous les Belges ? Des jours que je vous attends.
— Ja...
— Vous causez pas l'français en Belgique ?
— Si...
— À la bonne heure... Je vais vous montrer vot'location. Y a l'eau chaude uniquement de 8 heures à 8 heures 30 et une seule salle de douche. Toute grande, comme à l'armée ! Mais si vous passez vot'tour, faut attendre le lendemain pour vous laver au chaud ! On n'a presque plus de charbon. Pire que pendant la guerre !

Ils suivent la concierge en châle noir. L'immeuble a été transformé en hôtel. Après la loge du rez-de-chaussée et le grand escalier, s'ouvre une cour intérieure où on a construit un réfectoire en tôles. C'est pour le petit déjeuner et la soupe du midi. Adossé à l'immeuble, le réfectoire donne à la cour un air de caserne. Il y a une salle d'eau commune au premier. L'appartement des faux Belges est au troisième, au bout du couloir. Il est sombre, glacé, sommaire. Des voiles défraîchis pendent aux fenêtres encadrées de tentures de velours vert. Il y deux chambres séparées d'un salon vieillot : celle d'Eberman donne sur la rue de Fleurus, celle de Feuerberg sur la cour. Le réfectoire est fermé, la concierge leur amène deux bols de soupe. Pas de chance, on est à Paris et c'est de la soupe aux choux où flotte le gras d'un morceau de lard. Mais les Allemands n'ont pas le cœur à en rire. Ils n'ont le cœur à rien. Après avoir « slurpé » la soupe, ils s'affalent dans leur lit. Même Eberman n'a pas envie de parler. Ils dorment jusqu'au lendemain.

À huit heures, ils descendent à la salle d'eau, se dévêtent au vestiaire à l'atmosphère d'étuve. Achim avance machinalement. Après tant d'années de pensionnat, de caserne et de guerre, il en a vu des douches communes, là où les hommes jouent au plus fort, au plus poilu, au bien blond, au pas juif. Eberman, tout adepte de la conscience de classe qu'il soit, n'a pas cette habitude des joies de la vie en meute. Il avance, timide, tête basse, comme s'il avait honte de ses pectoraux affaissés, de son gros ventre, de son sexe à l'air libre. Aux douches, l'eau fumante tombe en trombe sur une douzaine de corps blancs, mains sur le mur, tête inclinée, cheveux ruisselant. Feuerberg se douche comme s'il était seul. Eberman tourne le dos, dissimulant une nudité partout visible. C'est aux douches que les Allemands comprennent que l'immeuble est rempli. Dans la vapeur, les ombres parlent. Il y a un Italien, des Serbes et des Croates, un Anglais, deux Polonais, un Ukrainien, un Arménien, deux Français mais pas d'autres Belges que les Allemands incognito. Au fond de la salle d'eau, d'autres ombres parlent une langue gutturale. Feuerberg reconnaît l'arabe. Il en a gardé des rudiments du temps où il entendait prier les agonisants. Ces ombres ne sont pas du Maghreb ; ce sont des Libanais et des Égyptiens venus pour la Conférence de paix. La plupart des hommes sous la douche sont là pour la Conférence. À travers le mur de vapeur, apparaissent trois corps sombres. Des hommes noirs émergent du brouillard blanc et les Orientaux laissent tomber des jurons. Les autres qui n'ont pas vu beaucoup d'Africains et encore moins d'Africains au bain, sont déconcertés. Les Français ont l'habitude et disent bienvenue. Un seul répond, un Sénégalais. Les deux autres Noirs ne semblent pas parler français. L'un est scarifié. 8 heures 30. Tous se sèchent au vestiaire, Français et Sénégalais parlent un peu. Ce sont des vétérans du front de l'Artois. Les anciens soldats sont comme des chiens qui se reniflent le cul, ils savent assez vite s'ils sont passés par le même chenil. Le Sénégalais explique que la concierge a mis les Noirs sous les combles, là où c'est le moins cher et le plus froid. Ses compagnons sont un Américain d'Harlem et un Subsaharien dont personne n'a demandé d'où il vient. Ils sont là pour une sorte de congrès africain. L'Arménien, les Libanais et les Égyptiens parlent turc entre eux. Ils disent qu'à Paris, il y a tant de gens venus des décombres de l'Empire ottoman : Palestine, Liban, Syrie, Hedjaz… Beaucoup d'Algériens aussi, des tirailleurs et des travailleurs ; les besoins de main-d'œuvre sont tels que les permis de voyage des musulmans ont été supprimés. Avec les armées alliées et les dix-mille diplomates venus pour la Conférence, Paris est devenue une tour de Babel.

Le petit déjeuner est servi dans la baraque de tôle de la cour. À la grande table, on parle anglais, turc, polonais, serbe, yiddish. On se présente dans toutes les langues. L'Italien s'appelle Attila Mellanchini ; il est là pour un journal d'anciens combattants de Milan. Les Français viennent du Sud-Ouest ; ce sont démobilisés au crâne rasé. Eberman n'arrive pas à les suivre à cause de l'accent. Un grand Serbe descend de son étage ; il a manqué la douche. Il porte un gros manteau de fourrure. Il s'assied près d'Achim et dit, dans un français guttural, en roulant les *r* comme s'il leur passait dessus avec un char d'assaut :

— Savez-vous pourquoi je vais au Quai d'Orsay ? Ce n'est pas pour négocier les frontières des Slaves du Sud, non. C'est pour avoir chaud ! Hahaha. Le salon où on négocie, le Salon de l'Horloge, il est surchauffé. Tellement que je m'endors. Vous voulez de l'alcool serbe ? Rakija ! Un alcool de prunes. Idéal pour se réchauffer l'âme.

Proposition qu'acceptent avec joie Achim et les Polonais, des correspondants de presse que Feuerberg comprend quand ils parlent entre eux mais sans en rien laisser voir. Le petit déjeuner coûte cher. Les œufs sont à un franc la pièce, la livre de beurre à treize francs, le fromage, même prix, le lait à cinq francs le demi-litre. Le café est à soixante centimes la tasse, le sucre est vendu à la pièce. On dit que la tôlière doit se faire un sacré bénéfice. Eberman voudrait un fruit. Les autres éclatent de rire. Ni pommes, ni poires, il n'y a plus un arbre fruitier vivant entre Mulhouse et La Panne. Alors il boit son café en silence. Achim soupire d'aise : du vrai café allongé d'un alcool serbe, ça réchauffe l'âme, oui. L'Anglais parle un français mal appris sur l'Yser. Il se présente à Eberman qui lui donne son pseudonyme belge.

— Vous savez, Mister Van Eber, Paris est devenu vraiment très londonienne. *Incredible*. Avec tous les officiers, les experts et les diplomates, on dirait que la moitié de la promotion d'Oxford est ici.

— Et l'autre moitié ? fait distraitement Eberman.

— L'autre moitié ? *But*... Elle est morte et enterrée dans vos Flandres... *Heavens*, vous débarquez d'où ?

C'est Feuerberg qui répond :

— De Hollande. Mon ami était réfugié là-bas pendant la guerre... Excusez-le.

— *It's nothing, Sir.*

Plus loin à table, l'Italien repose son journal et s'exclame bien haut pour qu'on l'entente :

— Ils nous prenaient pour des cons, ces Autrichiens. Eh bien, c'est officiel. Notre sacrifice a été de sept-cent-mille morts *per la nostra patria*. Trois pour cent de notre population. L'Empire autro-hongrois a eu un million de morts mais seulement deux pour cent de la population. Messieurs, le record, c'est nous !

Un des Serbes dit en français télégraphique :

— Nous, un quart. Population... Anéantie...

Un Croate écoute. Il était de l'armée autrichienne puisque la Croatie était province austro-hongroise. Maintenant il est citoyen de la future Yougoslavie. Quand il était sur le front italien, il avait des chaussures en carton, un uniforme en fibres d'ortie. À la fin, l'armée d'Autriche-Hongrie n'avait plus rien, ni munitions, ni uniformes, ni vivres, ni trains. Lors de la retraite de 1918, ils sont rentrés à pied à Zagreb, comme des clochards affamés, hâves, pieds nus. Le Croate ne dit rien. Il ne peut pas en parler. Il n'a plus droit au passé. Seuls les vainqueurs ont droit au passé. Les journalistes d'un quotidien de Varsovie regardent le programme de la Conférence. Aujourd'hui, les congressistes ne travailleront pas car le président Wilson visite les ruines de Reims. Demain lundi, au Quai d'Orsay, la Conférence va débattre de la question coloniale allemande. Un Français aborde Achim :

— Vous savez, Monsieur... Monsieur ?

— Brandbergen.

— Monsieur Brandeu-bergene. Cette Conférence n'a pas de méthode de travail. Nous avions proposé une méthode, un plan. Le plan Tardieu qui était logique, cartésien. Vous savez comment nous sommes, nous, les Français.

— Je vous ai côtoyés.

— Mais les Angliches et les Amerloques sont des empiristes. Ils passent d'un sujet à l'autre au hasard des rendez-vous. C'est la pagaille cette Conférence ! Comme s'ils avaient la trouille d'aller au cœur du sujet.

— Quel est le cœur du sujet ?

— Mais la facture, Monsieur ! La facture ! Les réparations. Ce que ces salopards de Boches doivent nous payer pour tout ce qu'ils ont fait. Ils nous ont pris pour des cons ces Schleus. Vous allez voir l'addition qu'ils vont bouffer…

— Ah oui… L'addition…

Les faux Belges remontent dans leur appartement attendre Savignac qui arrive discrètement vers onze heures. Les vieux camarades n'en sont plus aux effusions. Il est convenu que Savignac passera épisodiquement rue de Fleurus avec des informations. Le reste du temps, les Allemands se fondront dans la masse des journalistes qui font le pied de grue devant le Quai d'Orsay. Ils y rencontreront le second fils de Gabriel, Antoine. Treize heures, le Français emmène les visiteurs déjeuner près du Val-de-Grâce. Sur leur chemin, des silhouettes noires de Parisiens abattent un marronnier du boulevard. Pour avoir du bois de chauffage. Dans un square, quelques femmes retournent la neige et la terre gelée, cherchant les navets plantés en automne. Sur les trottoirs, des Alsaciennes folkloriques, vraies ou fausses, promènent leur patriotisme. On croise tant de veuves. Des hommes en uniforme avancent lentement en file indienne, la main droite de l'un sur l'épaule de l'autre : gazés, survivants, aveugles. Des enfants se promènent trois par trois, encadrés de gendarmes : orphelins belges de l'Œuvre du secours de guerre. Savignac qui a l'air infiniment triste, fait ce qu'on fait quand on reçoit des étrangers, même de faux étrangers, il fait le guide : « Voici l'École coloniale, le Jardin des Explorateurs, la Fontaine de l'Observatoire. » L'eau de la fontaine est gelée et les belles sculptures des chevaux marins sont emprisonnées dans la glace du bassin.

— Vous aimez notre art classique, Brandbergen ?
— On dirait Berlin en plus latin. J'ai deux amis qui m'avaient plutôt éduqué au moderne. Où est la tour Eiffel ?
— Vous la trouverez tout seul. Allons déjeuner.

Ils s'installent dans l'arrière-salle d'un troquet désert. Savignac profite de cette solitude pour donner quelques conseils à ses deux Allemands.

— Vous avez vu les enfants en rang ? Les orphelins de Saint-Sulpice. Évitez Saint-Sulpice ; c'est à dix minutes. On y a installé toute une colonie de réfugiés belges. Ils étaient plus d'un million à fuir leur pays en 1914, on les a relogés jusqu'en Algérie. Évitez vos « compatriotes » ; on ne sait jamais que l'un d'eux soit trop curieux. Évitez de trop vous afficher comme Belges. Ils avaient été accueillis en héros au début ; ils ont mauvaise réputation à présent.

— Pourquoi ? demande Van Eber - Eberman.
— On accuse les Flamands d'être « embochés » et les Wallons d'accepter des salaires de misère pour survivre. Alors, les ouvriers parisiens les détestent. Et puis, il y a eu ces histoires entre des Belges et des femmes de soldats au front... C'est déjà dans les romans... Tâchez d'éviter ça, Brandbergen. Vous êtes jeune. Vous avez l'âge de tout ça. Vous avez l'âge de...

Savignac ne termine pas sa phrase. Le vieil homme laisse les deux Allemands en plan en bafouillant subitement un au revoir. Il sort du restaurant de quartier et s'en va vers le Val-de-Grâce, vers l'hôpital des armées. C'est là où deux étudiants en médecine, Louis Aragon et André Breton, récitaient très haut des poésies pour couvrir les hurlements des brûlés vifs et des gueules cassées. C'était là, le

Quatrième fiévreux, comme on appelait le mouroir de l'hôpital, là où son fils aîné, le lieutenant Charles Savignac, est mort après des semaines d'agonie…

Chapitre XI
L'horloge

> Ministère des Affaires étrangères.
> Entre le Quai d'Orsay et la rue de Constantine.
> Lundi 27 janvier 1919, 10 heures.

Eberman et Feuerberg arrivent Quai d'Orsay. Les fenêtres du ministère sont illuminées. Les commissions sont réunies sous les lustres du salon de l'Horloge et dans d'autres salles. Les trente-deux délégations de pays alliés ont au programme : la libre circulation fluviale, le sort des colonies allemandes, la Ligue des Nations (on ne dit pas encore Société) et la constitution de la Commission des réparations, celle qui va calculer... l'addition. La sortie des diplomates est prévue à midi trente. En attendant, journalistes, curieux et espions s'amassent sur le Quai d'Orsay. Un cordon de soldats les tient éloignés des grilles. La foule déborde sur l'Esplanade des Invalides ; les meilleures places sont en bord de Seine. Certains sont juchés sur les arbres comme des Zachées attendant Jésus Wilson et ses trente-deux apôtres. On patine sur le pavé ; on se réchauffe, on cause dans les buées des bouches et les fumées des cigarettes. Derrière la foule, les arches du Pont Alexandre sont comme posées sur le fleuve ; la Seine, gonflée par les averses, défile à une vitesse d'année folle. Midi trente, une sonnerie d'usine retentit dans Paris. Les portes du ministère s'ouvrent ; un flot de militaires et de civils descend des grands escaliers : les chefs d'états-majors, les diplomates, les experts, les chefs d'État des trente-deux nations alliées. Les Allemands ne dissimulent même pas leur surprise en entendant les journalistes nommer les personnalités visibles à vingt mètres. Il y a là les dirigeants de tous les pays ennemis de l'Allemagne, serrés, rassemblés, compacts… comme une cible. Feuerberg a une irrésistible pensée terroriste : « si seulement j'avais une grenade… » Dans sa tête, Günter lui dit : « la guerre est finie, crétin » à quoi Achim répond : « qu'est-ce que tu en sais ? Tu es mort. » Les automobiles officielles arrivent. Le long du ministère, les berlines noires s'étirent en file indienne : torpédos Rocher-Schneider, coupés-chauffeurs Renault, limousines de chez Pratt, Rovers, Peugeot 144. Les chefs d'État attendent leur tour. Le Premier ministre roumain, Bratianu, est au bras de Pasic, Premier ministre serbe. Ils discutent de leurs frontières qui s'élargissent à mesure que celles de la Hongrie rétrécissent. En pardessus gris et haut-de-forme noir, passe le *Prime Minister* britannique, David Lloyd Georges. Il leur donne à chacun une gentille tape dans le dos. Dmowski, délégué de la Pologne renaissante, parle avec Kramarcz, représentant la Tchécoslovaquie nouvelle ; ils se disputent la Silésie allemande. Un vieil homme, costume noir de jais, grosse moustache blanche, les couvre du regard. La foule murmure ; tout le monde reconnaît Georges Clémenceau, président du Conseil, Père-la-Victoire totale, soixante-dix-huit ans. Il a l'air satisfait de ce que les jeunes nations slaves démembrent le vieil empire germanique. L'Italien Orlando et le Grec Venizelos sortent côte à côte. L'un veut une Mer Adriatique italienne, l'autre une Mer Égée grecque. Orlando et Venizelos voient passer le Serbe Pasic d'un air mauvais. Ce Slave du sud, cet empêcheur de dominer en paix, ne lâche rien, ni la côte dalmate, ni la Macédoine. Il a le soutien du président Wilson, autant dire que Dieu est Serbe. Le Belge Vandervelde, seul socialiste de la meute, attend sa voiture. Manteau froissé, chapeau cabossé, visiblement, il n'est pas chef d'État. Derrière son lorgnon, ses yeux sont tristes comme le ciel. Même s'il est loin dans la foule, Eberman se dissimule derrière Feuerberg ; il ne veut pas que Vandervelde, qu'il a connu avant 1914, le reconnaisse. C'est peu probable : le Belge est myope comme une taupe. Il monte dans sa voiture. Son collègue Hymans n'est pas venu, furieux de ce que la Belgique brisée par quatre ans d'occupation, n'ait pu envoyer à la Conférence que deux délégués quand le Brésil qui n'a jamais vu un casque à pointe, a obtenu trois sièges. Hymans fera un tel scandale que Clémenceau lui obtiendra un troisième représentant. USA, Royaume-Uni, France, Italie et Japon ont cinq délégués. Les dominions – Canada, Australie, Afrique du Sud et Inde – en ont deux, la Nouvelle-Zélande, un. Le jeune royaume arabe du Hedjaz en a deux. Les Belges, les Serbes et les Brésiliens en ont trois. Les nouveaux pays, Pologne et Tchécoslovaquie, en ont deux comme les derniers arrivés dans la guerre : Roumains, Grecs, Portugais. Le Siam, le Libéria, Haïti et neuf pays d'Amérique latine en ont un, la Chine, deux. Au Quai d'Orsay, soixante-neuf hommes négocient donc la paix : trente-et-un Européens, vingt Américains, deux Arabes, huit Asiatiques d'Extrême-Orient, trois Océaniens, deux Afrikaners et un seul homme noir, un Afro-Américain du Libéria. Mais qu'importent ces chiffres. À la Conférence, soixante-neuf hommes négocient mais dix décident : les quatre chefs des Grandes Puissances – USA, Royaume-Uni, France, Italie – leurs ministres des Affaires étrangères avec deux délégués japonais quand il s'agit d'Asie. C'est le Conseil des Dix. D'ailleurs, les voilà ces délégués d'Asie en queue de pie : Makino Nobuaki et Saionji Kinmochi. Ils passent sans un regard pour les délégués chinois. Après un combat naval dans le Pacifique et une bataille dans le Shandong chinois, les Japonais ont expulsé les Allemands d'Asie. Ils sont venus à Paris pour présenter la facture : ils veulent le Shandong, la côte de la Mer Jaune, la Corée et Taïwan qu'ils ont déjà, le chemin de fer sibérien, la Mandchourie, la Mongolie et les îles ex-allemandes du Pacifique, Mariannes, Carolines et Marshall. À la Conférence, on regarde les Japonais comme des plombiers présenter un prix exorbitant. Comme s'ils étaient les seuls à faire monter les enchères. La toute jeune République de Chine est plus modeste. Elle était aussi entrée en guerre contre l'Allemagne. Elle a envoyé des milliers de travailleurs pour appuyer l'effort de guerre.

Quinze mille Chinois sont morts en Europe, d'épidémie et d'accident mais ils n'étaient pas soldats, alors, ça ne compte pas. Les Chinois demandent qu'on renvoie les Japonais sur leurs îles. Ce sera non.

Feuerberg regarde ces Asiatiques s'engouffrer dans leur voiture et partir vers les hôtels Bristol et Lutetia. Pour la première fois de sa vie, il réalise qu'en mettant le pied en Belgique, le quatre août 1914, lui et tous les soldats allemands ont enclenché un bouleversement du monde qui est allé jusqu'à l'autre bout de la terre. Achim est pris de vertige, comme quand on pense pour la première fois à une évidence immense. Comme pour illustrer sa pensée, des délégués de l'Empire britannique sortent du ministère : radjahs des Indes, émirs arabes, soldats maoris. Ces *natives* donnent à la Conférence de paix un côté « Exposition universelle ». Ainsi cet homme en keffieh à damier blanc et noir, enveloppé dans sa djellaba. C'est Fayçal, deuxième fils du chérif de la Mecque. Avec lui, un colonel anglais aux yeux très bleus : Thomas Edward Lawrence dit Lawrence d'Arabie. Ils parlent d'un royaume arabe, de Jérusalem à Bagdad, de Damas au Yémen. Ce sera non. Pourtant, pour complaire à Lord Balfour, le secrétaire au *Foreign Office*, l'émir Fayçal vient de signer un accord avec Chaim Weizmann, représentant du congrès sioniste. Il accepte l'implantation d'un foyer national juif dans une Palestine qu'on a oublié d'informer. Les gens qui habitent sur les cartes du monde ne savent pas souvent à quel jeu jouent les chefs d'État. Et ils jouent beaucoup aux cartes en cet hiver 1919. Comme le représentant du Portugal, Antonio Egas Moniz, qui vient de monter dans sa berline ; c'est un bon joueur. Ce médecin diplomate, laid comme Nosferatu, a obtenu mille kilomètres carrés d'Afrique orientale allemande pour agrandir le Mozambique portugais. Pendant la guerre, le Portugal a perdu dix-sept mille soldats, ce qui ramène le prix du kilomètre carré africain à dix-sept morts. On a vu plus cher : chaque kilomètre carré d'Eupen-Malmedy aura coûté la vie à cent vingt-trois Belges, chaque kilomètre carré d'Alsace-Lorraine à cent quarante-sept Français. Un mort à l'hectare. Ce n'est pas grand un hectare, c'est petit comme un cimetière. Certains sont mauvais joueurs comme Billy Hughes, Premier ministre australien. Il descend l'escalier en bousculant les congressistes. Il est furieux. Il vient de réclamer la Nouvelle-Guinée, l'archipel Bismarck et de l'argent, des milliards de marks-or, au nom des dizaines de milliers d'Australiens tombés dans les Dardanelles. *Germany must pay* ! Mais le président Wilson lui a dit qu'il fallait d'abord fonder la Ligue des Nations, clef de voûte de la paix mondiale, qu'il est trop tôt pour fixer les réparations. Hughes insiste : il veut son dû et tout de suite. Il accuse l'Amérique de faire cavalier seul, d'être même manipulée par les Allemands, de n'avoir pas eu autant de morts que l'Australie car à Paris, on se jette ses morts à la figure. Wilson a rétorqué à Hughes : « vous êtes une vermine pestiférée. » Alors, l'Australien a claqué la porte. Bien d'autres s'en iront, furieux, vexés, amers : Italiens, Chinois, Libanais, Kurdes... La Conférence ressemble à une dispute d'héritage planétaire. Dans la foule, Achim entend converser un correspondant du *Sud-Ouest* et un reporter du *Journal des Débats*.

— Mais pourquoi Wilson veut-il à tout prix un Pacte et une Ligue des Nations ?

— C'est un calviniste. Il croit dur comme fer que les Hébreux sont devenus une nation après un pacte avec Dieu. Tu vois... Moïse, le bâton, la mer, toutes ces conneries... Wilson croit au sacerdoce universel. Il se voit pasteur des nations. Mais il découvre que ses brebis sont enragées. Tous les pays vainqueurs réclament de l'argent et le partage des colonies allemandes. Wilson est assiégé. Il voyait sa SDN tout administrer. Des clous. Dans les couloirs, on se partage tout.

Dans la foule, monte une exclamation enthousiaste. Tout le monde applaudit un homme apparu à la grille : Thomas Woodrow Wilson, 28e président des États-Unis, soixante-trois ans. Il tire son chapeau buse, découvrant ses oreilles immenses, salue la foule puis n'y tient plus : ce fils de pasteur, imprégné de messianisme et de politique spectacle, va serrer quelques mains. Il se dirige droit vers l'endroit où se tiennent un Feuerberg impassible et un Eberman qui bredouille de stupeur : « merde... » Les gardes du corps de Wilson l'entourent. Le Président serre les mains par-dessus les épaules de ses soldats. Une main noire sort de la foule et reste seule dans le vide. Le Président serre les mains du Blanc à gauche, du Blanc à droite, pas celle du Noir au milieu. Et Wilson s'en va. L'homme noir, qui voulait toucher le Dieu de la paix, laisse retomber son bras. Wilson, l'homme qui a sorti l'Europe de l'impasse suicidaire de la guerre, l'homme qui veut imposer au monde l'égalité des minorités, l'homme qui veut faire de la SDN un levier des peuples contre les castes, l'homme qui veut une législation internationale du travail... est aussi un ségrégationniste convaincu, un adversaire du vote des Noirs et des femmes. Ce démocrate natif du Sud est sympathisant déclaré du Ku Klux Klan. L'Africain qui lui a tendu la main en vain s'en va. Il croise les yeux de Feuerberg. Il lui sourit. L'Allemand remarque ses scarifications et le reconnaît. C'est un des Noirs qui logent rue de Fleurus.

Sur le perron du ministère, arrivent ceux qui tentent d'y voir clair dans le calcul des réparations de guerre : des directeurs de banque, des ministres du Commerce, des économistes comme John Maynard Keynes, chef de division au Trésor du Royaume-Uni. Keynes plaide pour un scénario simple : faire payer aux Allemands une modeste facture mais faire annuler les dettes de guerre contractées par les Européens aux USA. Il affirme que c'est la seule solution pour entrer dans une ère de commerce et consommation de masse, clef de la relance et de la paix. Charles Gide, solidariste chrétien et économiste français, défend la même ligne que le social-libéral Keynes. Mais ils sont isolés. La majorité des délégués veulent saigner l'Allemagne, lui faire payer chaque usine détruite, chaque pension de veuve, chaque village incendié et chaque dollar emprunté. Anglais, Belges, Français, Italiens, Australiens, Serbes, Canadiens n'en démordent pas : les Allemands sont coupables d'un crime planétaire, la guerre mondiale, ils doivent payer. Lloyd George l'a dit : « il faut presser le citron allemand jusqu'à ce que les pépins en sortent. » D'autant que les Américains n'ont aucune intention d'effacer l'ardoise de leurs alliés européens qui leur doivent quinze milliards de dollars de crédits publics et privés. Débiteurs en 1914, les USA sont devenus créditeurs en 1918, inversant et multipliant le rapport par cinq. Il faut additionner, à la dette de guerre, seize milliards de prêts interalliés soit au total, trente-et-un milliards de dollars ([5]). La situation des vainqueurs européens est d'autant plus catastrophique que leurs monnaies se sont effondrées ; le dollar est désormais la monnaie de référence et les réserves mondiales d'or affluent aux USA. Alors, les pays européens revendiquent des centaines de milliards de marks. Les Anglais évaluent la capacité de remboursement de l'Allemagne à quatre cents milliards en cinquante ans. Les Français à huit cents milliards. Ces chiffres courent comme des traînées de poudre dans la foule massée sur le quai de Seine. « Huit cents milliards de quoi ? » demande un reporter espagnol ; « de marks-or » répond un Italien. Eberman écarquille les yeux, respire à petits coups. C'est pire que tout ce qu'il craignait. Ses épaules se voûtent. Il est blanc comme son écharpe. « Huit cents milliards » répète-t-il tout haut, avec un accent de plus en plus allemand. C'est le premier matin de sa mission et Eberman n'en peut déjà plus. Huit cents milliards pour expier une faute collective. Il ne comprend pas. L'Allemagne est coupable, certes, mais pas plus coupable que les autres. Pour lui, la Grande Guerre est le crime collectif de l'Europe. « Et on ne l'a même pas perdue cette guerre » pense Eberman qui n'y était pas. Feuerberg aussi vacille. Le ministère écluse toujours les délégations ennemies. La foule l'oppresse ; il étouffe. Quelque chose le ramène trois mois plus tôt en Argonne, quand ils se repliaient devant les fils de toutes ces nations ennemies. Et maintenant, il est là, au milieu d'eux ; il murmure dans son col relevé : *Wir haben den Krieg nicht verloren* ([6]).

([5]) Ou cent-vingt-et-un milliards de marks-or, équivalent à mille trois cents milliards d'euros de dettes entre alliés, sans compter les souscriptions nationales.
([6]) « On n'a pas perdu la guerre. »

Feuerberg ferme les yeux. Une voix intérieure lui dit : « mais si on l'a perdue. Et cesse de parler allemand, tu vas te faire égorger... » Achim sourit tristement à cette voix fantôme. Autour de lui, la foule se dissout. La crue diplomatique est finie à présent. Les journalistes s'en vont au centre de presse des Champs Élysée. Le vent souffle dans l'immense couloir du fleuve. Achim, resté plus ou moins seul, respire l'air frais. Le froid fait pleurer ses yeux. Il ne sait pas ce qu'il fait là, lui, l'Ulysse sans Ithaque au pays des Troyens vainqueurs. Car ils sont vainqueurs. Günter l'avait prédit et il avait raison. Il a fallu trente nations pour venir à bout de l'Allemagne et l'Allemagne était à bout. Il le sait. Il était là, lui, quand elle s'est effondrée, quand les militaires ont confié le pouvoir aux civils pour leur faire endosser la défaite. Il n'y a pas de coup de poignard dans le dos, pas de trahison de l'arrière. Tout ça, c'est des bobards de politiciens et Feuerberg déteste la politique de toutes ses forces. Il regarde les fenêtres du ministère où les lustres de cristal éclairent des salles vides. L'Allemagne a perdu la guerre mais eux là-bas, les vainqueurs, sont en train de perdre la paix. Feuerberg l'a compris aujourd'hui. Il voudrait bien porter un toast à toute cette défaite de l'espèce humaine, à ce suicide collectif qui n'en finit pas.

Quelques experts anonymes sortent encore du Quai d'Orsay, des anthropologues, des historiens, des géographes. Le jeune Antoine Savignac, le « cinquante-deux francs », est là, reconnaissable à son crâne rasé et sa vareuse bleu azur. Il vient droit sur Feuerberg comme s'ils étaient aimantés. Les deux anciens soldats se comprennent sans parler. Il fait froid. Ils s'en vont boire un coup. Ils descendent quelques calvas cul-sec au bar d'un café proche puis rejoignent Eberman au centre de presse. Dans la salle survoltée, téléphonistes, dactylos, télégraphistes, TSF, tout crépite comme une fusillade. On s'arrache les communiqués, on cause avec des indicateurs plus ou moins bien informés. Le correspondant de l'agence Reuter gueule dans une des cabines téléphoniques intérieures :

— La question des colonies est ajournée. Mais aucun retour à l'Allemagne ; ils perdent tout ! Non. Même si la future Ligue des Nations les administre, elles ne reviendront jamais aux Boches, c'est décidé, j'te dis. Le président Wilson a été catégorique. Note ! Note ! L'Allemagne perd son Empire ! C'est le titre de mon papier.

Dans une autre cabine, un correspondant belge, un vrai celui-là, crie aussi au téléphone tant la ligne est mauvaise :

— Wilson repart aux USA ! Les délégués vont devoir mettre les bouchées doubles cette semaine ! Le quatorze février, Wilson rembarque à Brest sur le New Mexico. Non ! Il ne va pas au Mexique. Le New Mexico, c'est un cuirassé, crétin ! Il reviendra en mars.

Dans un coin de la salle à l'acoustique de préau, Eberman discute imprudemment en allemand avec un jeune journaliste de Budapest ; il apprend que la Conférence va mettre la Silésie allemande à l'agenda. Pologne et Tchécoslovaquie s'y affrontent déjà : les Tchèques ont attaqué Teschen, une ville occupée par les Polonais. Ils ont eu des morts. Les nouveaux pays d'Europe n'attendent pas les conclusions parisiennes ; ils agissent. Les Roumains ont envahi la Transylvanie hongroise. Les Serbes se massent au Kosovo. Les Tchèques occupent les Sudètes allemandes. Eberman fait part de ces renseignements à Feuerberg. Il souffle en allemand, avec des airs de conspirateur en sueur et la grosse voix de ceux qui croient parler tout bas :

— Nous mettrons ces informations sur la Silésie dans notre rapport à Berlin, Feuerberg.

Feuerberg soupire et lui répond tout bas et en français

— À mon avis, ils le savent déjà. Aux dernières nouvelles, la Silésie est toujours en Allemagne... Et puis... De grâce, Van Eber, cessez de parler allemand et appelez-moi Brandbergen.

— Et vous... Cessez de boire ! Vous puez l'alcool de pommes ! Qu'est-ce que le jeune Savignac vous a appris ?

— Rien. On n'a pas parlé. On a bu.

Feuerberg et Eberman se séparent... Dans les mois à venir, ils passeront des jours entiers sans se parler, sans se regarder, aggravant leur solitude en la vivant à deux, dans une détestation mutuelle. Eberman rentre Rive gauche et se perd dans les rues. Achim reste au centre de presse où il retrouve Antoine qui traîne, désœuvré. Les deux jeunes gens s'asseyent à une table de la cafétéria devant deux tristes sandwichs et un beau muscadet, cher payé, vu la rareté des bouteilles. Au deuxième verre, Savignac fils sort de son mutisme. En fait, ce garçon à l'air farouche, avec ses yeux délavés et sa tête de collégien, n'est pas timide. Il parle juste quand il a envie de parler. Et il parle d'une traite, sans hésitation dans la voix. Il prend dix ans rien qu'en parlant, avec une dureté qui contraste tant avec son visage d'ange :

— *Herr* Brandbergen, mon con de père m'a demandé de te tuyauter. Alors, ouvre tes oreilles de cochon, *Kamarad*. Et si mon français va trop vite, tu m'arrêtes...

— Vas-y, *Schanguel*...

— On va raisonner en géographe. Ce sont les villes portuaires qui empoisonnent les négociations : Dantzig sur la Baltique, Fiume sur l'Adriatique, Smyrne sur l'Égée, Suez sur la Mer Rouge, Kiaou-Tchéou sur la Mer jaune et Bassorah sur le Golfe Persique. Tu vois, pour faire du libre-échange, il faut des bateaux et pour les bateaux, des ports bien reliés aux arrière-pays par des fleuves et des chemins de fer. Les puissances et les nouveaux pays veulent récupérer les ports des pays vaincus. Comme Fiume. Les Italiens et les Serbo-Croates en sont presque aux mains pour ce petit joyau de l'Empire des Habsbourg. On nous demande à nous, géographes, de déterminer des critères objectifs d'appartenance à un pays ou un autre... Comme si les frontières étaient des choses logiques... Mais c'est Dantzig qui t'intéresse, pas vrai ? Je parie que tu ne sais même pas comment cette ville s'appelle en polak...

— Elle s'appelle Gdańsk.

— C'est ça. Ville allemande, hanséatique même, peuplée de Fridolins. Mais voilà, comme dirait de Martonne, la Vistule est le versant naturel de la Pologne. Et au bout de la Vistule, il y a Dantzig. Et le treizième commandement de Moïse Wilson dit : « un accès à la mer aux Polonais tu donneras. » Alors, non seulement vous allez perdre Dantzig mais en plus, ils vont creuser une tranchée polonaise à travers la Prusse orientale pour rattacher la Pologne à la Baltique. Tu connais la Mazurie, Brandbergen ? Le pays des trois mille lacs ?

— Qu'est-ce que ça peut te foutre ?

Feuerberg vide d'un trait son verre de muscadet et se ressert. Il soutient le regard de Savignac. Le Français a une espèce de sourire que ses yeux rendent désespéré. Joachim a les yeux plus durs, ceux d'un animal agressé, un animal prêt à se défendre. Après quelques secondes de tension flottant dans une éternité périssable, Savignac boit son vin blanc cul-sec et répond :

— T'as raison. Je n'en ai rien à foutre d'où tu viens. Je dois encore te parler des commissions. À chaque problème, on crée une commission. Les commissions, ça occupe les petites nations et ça laisse aux grandes le temps de réfléchir. Il y a deux commissions qui t'intéressent : celle des responsabilités, au ministère de l'Intérieur sous la présidence du secrétaire d'État Lansing, celle des réparations qui siège aux Finances, sous la présidence de Klotz, un ministre français originaire d'Alsace. La première commission va dire que l'Allemagne est coupable et la deuxième dira combien elle doit payer… *Verstanden* ?

— Compris. Cette commission, c'est elle qui établit les listes des Allemands que les Alliés veulent extrader et juger ?

— Exactement. Pour crimes. T'es bien renseigné… On a des trucs à se reprocher, soldat ?

— Vas te faire foutre… Et le montant ? On a entendu un chiffre astronomique. Huit cents milliards de marks…

— Pas de panique, *Kamerad*. Clémenceau et Lloyd Georges jettent des chiffres aux foules pour soigner leur popularité, pour suivre leur opinion publique. Les Américains ont calmé le jeu. Ils évaluent à cent vingt milliards vos capacités de remboursement en trente-cinq ans. Les enchères ne font que commencer…

— Compris. Et cette Société des Nations ?

— Une commission se réunira à l'hôtel Crillon pour en définir ses principes. Chambre 315. Celle du Colonel House, l'éminence grise de Wilson. Wilson en personne y participera. Mais j'ai déjà une info : la France et l'Angleterre ne veulent voir ni l'Allemagne noire ni la Russie rouge dans cette SDN. Note ça, *Herr* Brandbergen, vous n'y serez pas et les Bolchéviques non plus.

— Autre chose ?

— Pas grand-chose. La SDN va travailler à une cour de justice, à la limitation des armements. Enfin, les vôtres, pas les leurs… À propos d'armes, il n'y a qu'une chose qui intéresse le gouvernement français dans cette SDN : créer une force militaire internationale pour faire pan sur les méchants qui se laissent aller à envahir les voisins. Tu vois ce que je veux dire, pas vrai ? Wilson n'en veut pas mais Clémenceau a gueulé dans ses grandes oreilles qu'il ne savait pas ce que c'était que vivre à côté de l'Allemagne. Ce salopard a raison. Les Anglo-Saxons sont de l'autre côté des mers. Ils ne savent pas ce que c'est…

Antoine Savignac se penche au-dessus de la table et souffle tout bas au visage de Feuerberg.

— Ils ne savent pas ce que c'est que vivre à côté de vous. Moi je sais. Mon frère aussi l'a su. Juste avant de perdre son visage à Verdun. La leçon d'histoire-géo est terminée, *Herr* Brandbergen.

Ils se quittent. Savignac rejoint le secrétariat du Comité d'études logé rue de Constantine. Il ira ensuite au Quartier latin, à l'Institut de Géographie, là où on prépare les cartes dont les Grands de ce monde feront un usage incertain. Feuerberg a tout mémorisé. Il égrène les pertes de la matinée, celles de l'Allemagne et celles de sa vie : plus d'Afrique, plus de Chine, plus de Sybille, plus de Dantzig, plus de Prusse, plus de Günter, plus d'armée, plus d'argent, plus d'Allemagne. Il se réveille d'une illusion, si microscopique soit-elle. Plus d'embarquement pour nulle part. Foutu. De toute façon, il le sait, il serait parti seul. Elle ne serait pas venue. Et puis aurait-il eu le courage d'aller la voir à Fribourg ? Affronter ses yeux ? Un poids immense pèse sur son cœur. Son fantôme intérieur au crâne troué lui dit : « il faut que tu lui écrives. Il faut écrire. » Achim Feuerberg vacille dans sa solitude, les yeux dans le vide. Il n'a plus rien d'autre dans sa vie que « quelque chose à écrire ». Il est dans la rue... Il regarde par terre. Le monde entier s'est rétréci à un tout petit cercle autour de ses pieds.

Chapitre XII
Maud

Paris. 16, Rue de Fleurus.
Février 1919, 7 heures.

Achim se réveille aux dernières noirceurs de la nuit et se demande à chaque fois : « putain… où-suis-je ? » Il est perdu, tête hors du drap, visage refroidi par l'air glacé. Les secondes passent. Il ne sait ni qui ni où il est. Il sait seulement qu'il n'est pas au bon endroit, comme un animal réveillé loin de sa tanière, une angoisse instinctive au ventre. Son cerveau se met lentement en marche : « c'est pas la tranchée, pas le trou d'obus, pas l'Allemagne. » Il regarde la chambre sinistre et se souvient : « Paris, la Conférence. La guerre est finie. Je suis là pour envoyer… des informations… » Feuerberg se lève avec quelque chose de cette peur primale, de ce trou noir de la mémoire qu'il gardera en lui toute la journée, jusqu'au lendemain matin où le gouffre s'ouvrira encore quand il ouvrira les yeux et qu'il se dira : « putain… où suis-je ? » Passent les nuits et les jours et l'amnésie matinale disparaît. La mémoire s'habitue aux nouvelles cages. À présent, Feuerberg ouvre les yeux aux dernières noirceurs de la nuit et se dit : « encore en vie… » Il avait la même conclusion matinale dans la tranchée. Quand les Dieux intérieurs sont vivants, on dit : « toujours en vie… » Quand ils ne sont plus, on dit : encore en vie. Constat imparable de ceux qui ont survécu quand les autres n'en sont pas revenus, constat obsédant de ceux qui pensent de facto qu'ils sont en trop. Feuerberg a tant de mort en lui qu'il est une sorte de mort qui respire. Pourtant des choses bougent encore. Son sexe durcit au réveil ; ses yeux suivent des silhouettes de femmes dans les rues ; il s'attarde sur des visages entrevus. Il rêve encore à Sybille. Il est possédé par la nécessité d'écrire. Des phrases se forment dans sa tête ; des mots le hantent ; ses souvenirs rôdent. Aucun doute, il est toujours en vie. D'autres choses s'agitent : la haine quand il voit les canons pris aux Allemands exposés à tous les carrefours comme des trophées, la jalousie quand il croise sur les boulevards, les vainqueurs en uniforme, la consternation quand il voit dans les glaces des cafés, ce sombre passant qu'il ne reconnaît plus… son reflet. Encore en vie…

Merde, 8 heures 15. Trop tard pour la douche. Il se lave au baquet d'eau glacée. Quel luxe, cette eau froide dans une chambre froide quand on n'a pas la guerre au-dessus de la caboche. La peau lavée des angoisses de la nuit, Feuerberg est déjà moins sombre. Pour descendre au réfectoire, il met un masque et ce masque devient visage. Il partage le café, le pain et les œufs avec les autres occupants de l'immeuble. Il aime cette camaraderie forcée avec ces étrangers, le Sénégalais, l'autre Africain aperçu au Quai, les Arabes du Proche-Orient, les Slaves du nord et du sud, l'Arménien, l'Italien, même les Français de passage. On dirait qu'à force, tout le monde s'est habitué à tout le monde. Les Égyptiens parlent d'Alexandrie au Juif d'Ukraine. L'Italien et le Serbe échangent des souvenirs de batailles. Le Croate et les Polonais parlent de Vienne. Le Britannique de Londres et l'Américain de Harlem tentent de se comprendre dans des anglais aux antipodes. Les Méridionaux et le Sénégalais rigolent d'on ne sait quoi. Feuerberg reprend vie à écouter ses compagnons de voyage immobile. Il écoute beaucoup, parle peu pour qu'on ne lui pose pas trop de questions sur son approximative belgitude. Le Noir scarifié ne parle pas non plus. Il observe. Une sorte de complicité se noue entre les deux hommes, celle de ceux qui ne parlent pas quand les autres jacassent. Eberman descend. Il prendra son déjeuner dehors.

Chaque matin, les faux Belges passent deux heures du côté du Quai d'Orsay. Ils observent le ballet diplomatique depuis les cafés des

Champs Élysée en changeant d'endroit pour ne pas attirer l'attention des garçons de salle. Peine perdue, les hommes en gilet noir les ont repérés ; ils les prennent pour des journalistes suédois, des diplomates baltes ou Dieu sait quoi. Il y a tant d'étrangers qui bourdonnent autour de la Conférence. Eberman s'assombrit. Il s'épuise à faire semblant, à dissimuler son français heurté, à ne pas comprendre les conversations trop rapides, à se perdre dans les rues. Alors il rentre à l'appartement pour attendre des nouvelles de Gabriel Savignac mais son vieux camarade ne donne guère de signes de vie. Au sens propre comme au sens figuré. Le Français avait dissimulé sa dépression profonde aux Pays-Bas. La mort de son fils Charles l'a plongé dans un désespoir aux manifestations intermittentes. Il erre dans Paris sans plus travailler, ne s'intéressant à rien qu'à ajouter une journée à l'autre. Il y a tant de vieux comme lui dans les rues. En 1914, la pyramide des âges avait la forme d'une meule de foin ; en 1919, après la mort de dix millions de jeunes gens, elle ressemble à un sapin élagué par un fou. Feuerberg s'échappe de cette ambiance crépusculaire. Il fréquente les brasseries des Invalides ou de la Rive droite. Il se lie avec des journalistes, des diplomates de troisième rang, des délégués de pays sans importance, qui n'existent pas encore ou n'existeront jamais. Il rencontre régulièrement Antoine Savignac. Ils descendent deux ou trois verres sans parler. Et le géographe lui laisse un dossier ou une carte. Ils se quittent sans rien dire. Les mots ne servent à rien quand on refuse de s'habituer à la présence de l'autre. Pourtant Antoine parle parfois, avec des éclats de colère dans la voix. Comme ce soir de mars où il ne peut s'empêcher de dire à Achim : « tu sais, ils ont acquitté Raoul Vilain, l'assassin de Jaurès. Acquitté comme si le trente-et-un juillet Quatorze, on était déjà en guerre et que ce cinglé avait tué un ennemi. Et ils exigent de la veuve de Jaurès qu'elle règle les frais de justice. Je hais ce pays. » Lors d'autres rencontres, Antoine laisse entrevoir à nouveau la haine que lui inspire cette France sortie des décombres. Les scandales politiques s'enchaînent en ces premiers mois de 1919. On révèle que le gouvernement achetait l'acier à prix d'or aux industriels et le blé à prix sacrifié aux paysans d'Algérie. On découvre que les politiciens et les militaires des deux camps ont sabordé les négociations secrètes de cessation des combats en 1917. On découvre que les coulisses de la guerre sont comme les champs de bataille : elles exhalent une ignoble odeur de charogne. Feuerberg écoute attentivement les monologues du jeune révolté. Peu à peu, une lueur de compréhension s'allume dans ses yeux. Leurs rendez-vous d'espions deviennent des rituels où l'un parle pour se décharger et l'autre écoute, pour la même raison. De semaine en semaine, Achim et Antoine deviennent insensiblement une habitude réciproque.

En cette fin d'hiver, Feuerberg prend aussi des initiatives solitaires. Comme celle d'observer les nombreuses délégations russes : Mencheviques désœuvrés, affalés sur les sofas des halls d'hôtel, Cosaques folkloriques qui représentent la Sibérie ou le Don, Russes blancs, nationalistes d'Ukraine ou du Caucase,... Les perdants de la Révolution d'octobre ont dix délégations. Elles n'intéressent que les porteurs d'emprunts russes qui rêvent au retour du Tsar et des dividendes. Feuerberg rassemble des informations sur le sujet. Chaque fin d'après-midi, il revient rue de Fleurus et donne à Eberman ce qu'il a pu glaner : rapports, coupures de presse, communiqués, confidences, rumeurs. Achim s'acquitte de son travail sans livrer d'impressions à propos des pauvres renseignements qu'il ramène. Au début, ce détachement a intrigué Eberman. Puis il s'est habitué. Vers 18 heures, Feuerberg repart traîner dans les bars. Eberman lui dit systématiquement : « n'allez pas vers Saint-Sulpice, Achim ! Vous savez combien cela pourrait être dangereux... » Le vieux social-démocrate tente ensuite de synthétiser les informations du jour. De février à avril, une fois par semaine, Eberman se rendra à un bureau de poste de Belleville pour envoyer son rapport à Gand. Son correspondant, un flamingant passé de la sympathie à la collaboration, réexpédie le rapport à Berlin. Cette triangulation prend un temps fou mais impossible d'utiliser les lignes téléphoniques qui passent par des téléphonistes surveillées par le contre-espionnage. Via son correspondant, Eberman reçoit parfois les questions du nouveau *Reichsministerium für Wiederaufbau*. Les demandes de Brockdorff-Rantzau, ministre des Affaires étrangères, sont limpides : « nous n'avons que faire du sort de la Russie pour l'instant. Seules les questions allemandes comptent. Veulent-ils organiser un référendum en Silésie ? Les Belges accepteraient-ils une offre de rachat d'Eupen ? La Ligue des Nations aura-t-elle les moyens de protéger la minorité allemande des Sudètes ? Avez-vous la liste des soldats qui veulent nous faire extrader ? » Cette liste-là, Eberman la voudrait aussi, tant il est persuadé que Feuerberg s'y trouve. Une interrogation revient sans cesse dans les courriers de Berlin : « quel sera le montant des réparations ? » Les piteux espions sont incapables de répondre à cette question. Ni à aucune autre. Quand Eberman ouvre l'enveloppe dans un café près du Père-Lachaise, ses épaules se voûtent sous le poids d'interrogations dont Wilson et Clémenceau eux-mêmes n'ont pas encore la réponse. Eberman comprend que leur mission est ridicule. Un type basé à Trèves et abonné aux journaux des pays alliés en ferait autant. Les deux Allemands anonymes ont beau assister à cette sarabande syncopée qu'est la Conférence de paix, ce spectacle fascinant n'apporte rien de plus au faisceau d'informations acheminées à Berlin. Alors Eberman entre au cimetière du Père-Lachaise, brûle machinalement le courrier au-dessus d'une poubelle et erre dans les allées sans s'intéresser ni aux noms sur les tombes ni aux cerisiers noirs. Il a le mal du pays, se sent seul et inutile dans son risible exil. Il sait que la République de Weimar attend le traité comme on attend le compromis d'achat d'une maison, ne sachant si on en prendra pour quinze ou cinquante ans. Eberman se désespère de ne rien pouvoir faire, à part transmettre des informations incertaines sur des questions périphériques. Il est comme la Conférence : il tourne en rond. Parfois son visage s'éclaire en recevant des mains de la guichetière de Belleville une lettre de sa femme. Mais elle ne lui parle que de la situation politique allemande, d'anciens camarades du SPD passés au communisme puis passés par les armes, du corps de Rosa Luxemburg qu'on a retrouvé, affreusement mutilé. Il rentre rue de Fleurus à la nuit tombée. Il espère retrouver Feuerberg pour avoir quelqu'un à qui parler. Personne. Alors, Eberman va traîner dans les rues où tapinent des putes échappées d'un cauchemar baudelairien ou d'une toile de Kirchner. Il finit par rentrer. Feuerberg n'est toujours pas là. Eberman attend et s'endort tout habillé.

Achim fuit Eberman et ses ruminations. Il ne supporte plus ses conversations allemandes à voix basse, ses théories vaseuses à propos du traité. Alors, il vadrouille dans Paris, un peu gris, un peu grisé, comme s'il explorait la ville pour deux, pour lui et Günter, son fantôme au crâne troué. Sybille erre aussi dans sa tête mais il n'a d'autre espoir que de lui raconter ce qu'il n'a jamais dit. Un cahier inachevé est toujours dans la poche droite de son manteau. Un après-midi, il descend au hasard dans un bar du côté des hôtels Astoria et Majestic, sièges des délégations britanniques. Le bar se prolonge par un jardin d'hiver, une grande serre où poussent des plantes tropicales. Dans les fauteuils en rotin, des officiers anglais courtisent des estafettes en tailleur kaki. D'autres officiers, à turban, causent de leur retour. C'est une ambiance tiède, un décor d'Empire des Indes, du blanc, du vert, du beige, dans le murmure musical de l'anglais et des voix flutées du Pendjab. Achim commande un gin tonic. Dans ce tableau aux couleurs claires, une figure sombre attire son œil : une femme en noir, avec un chapeau à voilette, est seule à une table. Elle est absorbée par un journal ouvert devant elle. L'Allemand remarque sa poitrine sous la mousseline noire, soulevée par une respiration lente ; cette vision lui fait traverser le jardin d'hiver et s'asseoir à la table à côté. Il boit une gorgée de gin tonifié. Sa voisine dit tout à coup :

— Un sur cinq !
— Pardon ?

— Un sur cinq. Je calculais, Monsieur. Dans ce journal, on écrit que la France a perdu cinq pour cent de sa population. En fait, ça fait dix pour cent des hommes. C'est logique, les hommes et les femmes, c'est moitié-moitié. Mais si on ne compte pas les enfants et les vieux, ça fait vingt pour cent. Un sur cinq ! Ils nous ont tué un homme sur cinq !

— Permettez-vous que je m'asseye à votre table ?

— Bien sûr, répond-elle avec spontanéité… Je m'appelle Maud. Maud Varlin.

— Et moi Achim. Achim Brandbergen.

Il s'installe à sa table. Elle relève sa voilette. Elle a un air juvénile et des yeux chauds, en amande, écartés, des yeux de chat, un sourcil interrogatif qui se relève, autonome de l'autre, comme un accent circonflexe. Elle magnétise Achim en une seconde. Elle parle avec une petite pointe d'accent de Pigalle, rien d'appuyé, quelques mots d'argot parsemés comme des coquelicots dans des bleuets.

— Qu'est-ce qui vous amène dans ce décor exotique, Maud ?

— J'aime bien cet endroit. C'est tropical, non ? Enfin… Les tropiques, je ne connais pas. Je passe le temps ici… Comme vous dirait-on !

— Puis-je me permettre une question ? Vous portez le deuil ?

— Haha ha… On ne peut rien vous cacher.

Ce rire clair en réponse à une telle question, cette bonne humeur soudaine, ravissent Achim. Mais Maud redevient sérieuse, appliquée à sa réponse.

— En fait, je ne sais pas exactement si je suis veuve. Mon mari a disparu en 1914, en Belgique, pendant la bataille des frontières. Il était du Quatorzième de ligne, ceux qui ont pris le premier choc avec les Allemands. Il est prisonnier peut-être ? Ou tué. On ne sait pas.

— Ah… Je suis désolé…

— C'est étrange, non ? Il y a deux cent mille soldats français disparus. Vous vous rendez compte ? Comment autant de personnes peuvent-elles disparaître ? C'est fou.

— Vous savez, là-bas, la terre était tellement retournée. Ceux d'en face enterraient nos morts à la sauvette, dans des sous-bois, des fosses communes. Des tombes sans nom.

Les yeux d'Achim se voilent. Huit du huit 1918... La jeune femme perçoit son trouble et change de conversation avec un tact que le jeune homme ne remarque pas.

— Vous avez un léger accent, Monsieur... Alsacien ?

— Ah, mon accent ? C'est que... Je suis... Je viens d'un village belge.

— Voilà pourquoi vous coupez un peu les mots. Flamand ?

— Ja. En quelque sorte.

— Hahaha. Et pourquoi êtes-vous à Paris, Monsieur le Flamand en quelque sorte ?

À ce moment-là, juste à ce moment, Maud lui plaît immensément.

— Je suis journaliste. Je suis là pour la Conférence.

— La conférence ? Ah oui la Conférence ! La paix.

— Oui. La paix. C'est ça. Je suis là pour la paix.

Les mots de Joachim sont hésitants. Il regarde la Française avec des yeux sincères qui disent : « je ne dis pas tout. » Maud aime cette franchise désespérée dans le regard. Peut-être parce qu'elle non plus ne dit pas tout. Son mari, elle ne l'attend plus ; elle fait semblant d'attendre. Elle sait bien qu'il ne ressortira jamais de cet orage lointain d'août 1914. Elle cache d'autres choses encore. Comme ce qu'elle fait pour vivre quand elle n'attend pas dans un jardin d'hiver, à observer le monde derrière sa voilette. Ils se sourient sans détacher les yeux. Une étrange connivence s'installe, la connivence de l'attirance sexuelle mutuelle, bien sûr, mais pas seulement : la connivence de ceux qui savent que l'autre se dissimule derrière un voile de non-dits mais un voile qui laisse entrevoir un visage, une vérité. Maud Varlin sent que la guerre lui amène un autre homme. Parce que cet homme sent la guerre, elle le sent.

— Parlez-moi de Paris, Maud. Je débarque dans la capitale. Avec cette Conférence, il y a des dizaines de milliers d'étrangers. Paris, c'est Babel.

— Babel, je ne sais pas où c'est. Mais vous avez raison. Les hôtels sont remplis d'étrangers. Encore plus que pendant la guerre. Les Anglais sont près d'ici, à l'Astoria : ils ont transformé les chambres en bureaux. Les Asiatiques sont au Lutetia. Et à l'hôtel Crillon, à la Concorde, les Américains sont mille ! Mille ! Vous vous rendez compte ? Ils font carrément cantine chez Maxim's. Haha ha. Des puritains chez les putains... Sont pas croyables, les oncles Sam. Vous savez, j'ai une amie qui travaille dans un bar... Enfin... Un bar. Vous voyez ?

— Eh bien... Non...

— Là où vont les Messieurs, quoi...

Maud sourit et poursuit avec des yeux qui pétillent encore.

— Donc, j'ai une amie dans un claque, au Onetoutou, rue de Provence. Elle m'a raconté. Les officiers américains sont passés. Ils ne veulent pas que les filles montent avec les soldats noirs, les soldats musiciens, ceux qui jouent du jazz, les Arlem Ailles...

— Les Harlem Hellfighters.

— Comme vous dites... Les officiers américains, c'est des Blancs. Enfin, sont comme nous. Eh bien, ils ne veulent pas. Comme s'ils avaient quelque chose à dire. On n'a pas de filles noires à Paris. Les Parisiennes vont avec les Sénégalais. Qu'est-ce que ça peut faire ? Pourquoi ne pas monter avec les Noirs américains ? C'est pas des Boches quand même ! Ma copine te les a envoyés balader ces officiers sammies. C'est une bonne amie. Je l'ai connue quand j'étais munitionnette.

— Pardon ?

— Munitionnette. Ouvrière dans une usine à munitions, quoi. Mazette mais c'est vrai que vous débarquez ! On faisait des obus à gaz, à l'usine Lauser, rue d'Édimbourg. Je suis partie. C'est lourd les obus, vous savez... J'imagine que vous savez. Et puis j'en avais marre de l'azote. L'azote, c'est un produit qui sert à tuer les gens ou à fertiliser les champs. C'est pour nourrir ou pour mourir.

— Vous avez raison. C'est Fritz Haber, un chimiste de Breslau, qui a inventé tout cela : la synthèse de l'ammoniac en ajoutant de l'hydrogène à l'azote...

— Achim, je ne comprends rien à ce que vous dites.

— Hahaha... Mais moi non plus... Haber a mis ses procédés au point dans les usines BASF et Hesselbach. Sa femme, scientifique elle aussi, s'est suicidée le soir de la première attaque chimique. Un ami m'avait expliqué cela.

— Et il est où votre ami qui sait tant de choses ?

— Il y est resté.

— Navrée. C'est vrai que vous avez vu ça les premiers, vous les Belges. Quand les Boches ont sorti leurs insecticides à humains. Moi j'aurais préféré faire pousser les blés.

— Heureux les épis mûrs...

— Et les blés moissonnés... Vous connaissez Péguy ! Ah mais vous êtes tout triste à vous souvenir de ce poème de mort. Votre verre est fini ! Le mien aussi. Venez, sortons. Promenons-nous puis allons dîner !

C'est ainsi que ça a débuté entre eux, en se racontant le monde avant de se raconter soi-même. Les premiers rendez-vous, Maud et Achim parlent beaucoup mais restent secrets, lui parce que c'est une question de vie ou de mort, elle, par jeu, par pudeur et par peur. Ces deux experts en camouflage se regardent se dérober l'un à l'autre. Maud mène le jeu ; elle a quelque chose de cinématographique ; avec elle, on se sent happé dans un film. Sybille, si belle, était picturale. Maud, même assise, a l'air en mouvement. Un léger balancement au son d'une musique silencieuse, des mains qui dessinent des arabesques pour prendre un verre, relever une voilette, remettre une mèche. Le premier soir, ils flânent dans les rues. Ils passent devant l'hôtel Astoria, à l'angle de la rue de Presbourg et des Champs-Elysées. Maud se dévoile un peu. En 1914, l'hôtel avait été transformé en hôpital militaire ; la Croix-Rouge japonaise s'occupait des défigurés et des amnésiques. Maud espérait y trouver son mari. Elle venait tous les jours. Puis ils ont fermé l'hôpital pour accueillir la délégation britannique mais elle a gardé l'habitude de passer parfois l'après-midi du côté de l'Astoria. Un soir suivant, ils se retrouvent à Montmartre. Maud qui vient de Belleville, connaît intimement Paris. Ils dînent dans un café-concert décoré de faux Toulouse Lautrec, avec un bar en acacia où on sert des alcools écossais et du champagne français. Un orchestre s'essaye au jazz ; des demi-mondaines que Maud semble connaître, envoient la fumée de leur cigarette vers les lampions. Le paradis. Maud laisse gentiment Achim payer la soirée, celle-là et toutes les autres. Feuerberg se dit : « qu'importe…, c'est l'Allemagne qui régale. » Maud rit de tout, absolument tout. Elle pétille d'intelligence de la vie. Il est sous le charme. Elle moins. Mais il l'intrigue. Elle le trouve bien joli à regarder à défaut de savoir exactement qui il est. Ces deux êtres qui se dérobent, se déshabillent assez vite. Le Prussien sans plus aucun dieu et la Française athée n'ont pas de temps à perdre en abstinences ou en remords. Ils deviennent amants dans la chambre que Maud occupe près des Buttes Chaumont. Ces deux survivants ont l'instinct de vivre sans attendre. Elle déborde de jubilation dans les bras de son amant. Il laisse l'exaltation s'envoler en lui. Il regarde son visage étiré vers la lumière, comme un Greco aux yeux chauds qui le regardent en extase, droit dans les pupilles, au lieu de contempler le ciel ou le plafond. La chaleur est partout : dans ses yeux sombres, sa voix un peu rauque, son rire franc, ses seins, son sexe… Achim fantasme parfois bizarrement en faisant l'amour. Il songe : « je baise vos femmes, *Schanguel*. » Il chasse cette chimère de haine de son esprit malade. Heureusement pour lui, elle parle. Elle parle en faisant l'amour ; elle a des envolées poétiques, des rires, des soupirs de plaisir ; elle lui demande ce qu'il aime, elle lui dit ce qu'elle aime, ce qu'elle veut, ce qu'elle ne veut pas. Ça ne le déstabilise pas, ça l'axe. Il est subjugué.

Après l'amour, ils se caressent. Blottis au fond du lit, ils se parlent d'autres amours. Ça aussi, c'est s'aimer. Elle dit tout. Ou beaucoup.

— Après mon mari, j'ai eu des amants. Des hommes du front. Enfin, ils n'ont pas toujours été des amants. J'en ai eu un qui voulait juste parler. Parler, parler. Dans mon lit, il parlait sans arrêt. Le reste du temps, il était muet. J'en ai eu un autre qui ne voulait que dormir, contre moi. Et c'est tout. J'ai eu un Anglais en 1917. Il ne faisait que me regarder… Juste regarder, jouir tout seul et partir. Tu vois, ils ne m'ont pas souvent basculée au fond de ce lit. Toi, dès que je t'ai vu, j'ai su que tu allais me basculer. Je l'ai su tout de suite. Raconte-moi, tu as eu beaucoup de femmes ?

— Quelques-unes. Tu sais, sur le front belge, on n'avait pas le choix. On allait dans les bordels. Mais j'avais une fiancée au pays.

— Et elle est où cette fiancée ? Pourquoi tu ne l'as pas amenée visiter Paris ?

— J'ai dit : j'avais. C'est le passé en français, non ?

— Ha haha. C'est bien cela, Monsieur le flamand en quelque sorte… C'est le passé.

Dans le lit de Maud, de l'hiver au printemps 1919, Achim ne voudra jamais s'endormir le premier. Jamais. Il a peur de parler pendant son sommeil, de parler allemand. Alors il attend. Il l'écoute, pose des questions, la caresse, parle de tout, de rien. Il travestit ses souvenirs. Comme s'il parlait d'une vie parallèle. Il parle d'une tierce personne qu'il invente et sans le savoir, se rapproche peu à peu de lui-même. Cette fausse vie qu'il transpose de Prusse en Flandre, de Berlin à Bruxelles, finit par ressembler à la sienne. C'est fou comme les vies réelles et imaginaires finissent par correspondre. Elle lui dit qu'il est son premier homme qui ne s'endort pas après l'amour. L'amour qu'ils refont. Encore. Et encore. Du côté du désir et du plaisir, Achim et Maud se sont trouvés dans le fond de ce lit. Une nuit de mai, après l'amour, Achim s'endormira pour la première fois le premier. Et il rêvera à voix haute, se réveillant soudain d'une apnée. Elle lui dira :

— Tu parlais dans ton sommeil. Tu disais des mots bizarres, dans une langue bizarre.

— Je parlais en mazurien, peut-être...

— Achim, je ne sais pas ce que c'est comme langue.

— Moi non plus, je ne sais pas ce que c'est.

Et il pleurera dans ses bras, sans s'expliquer, sans s'arrêter, comme les autres, comme tous les autres.

— Tu ne sais pas qui je suis vraiment, Maud.

— Si, je sais... Tu es une gueule cassée de l'intérieur.

Avec les semaines, Achim et Maud se voient la journée, de plus en plus souvent. Parfois, elle vient le rejoindre rue de Fleurus où elle croise Van Eber qui la regarde avec méfiance. Maud dit à Achim qu'il n'écrit pas beaucoup pour un journaliste ; il répond en souriant que c'est son collègue Van Eber l'intellectuel et que lui ne fait que chasser les informations. De moins en moins d'ailleurs. La Conférence s'enlise depuis que Wilson est rentré aux USA et Lloyd Georges à Londres. Même Clémenceau est absent. Victime d'un attentat anarchiste, il se repose chez lui, rue Franklin. Il a pris une balle dans le poumon et refuse qu'on l'extraie ; il croit que cette coquetterie le rapproche des soldats revenus du front. Après cet attentat, la surveillance policière s'est resserrée sur le Quai d'Orsay. Raison de plus pour se tenir à distance d'une Conférence qui ronronne.

Maud ne s'habille bientôt plus en noir. Elle porte des marinières, des foulards, une gabardine, des pantalons même, à la stupéfaction d'Achim. Elle a quelque chose qu'Achim connaît mal : la folie douce et cette folie douce agit sur lui comme une clef sur une porte. Elle lui dit qu'avec son manteau feutre et sa chemise gris vert, il a l'air d'un militaire et avec sa barbe de trois nuits, d'un déserteur.

— Déserter, oui... C'est ce que j'aurais dû faire.

— Arrête d'y penser. On va te civiliser, Monsieur Brandbergen. Faut changer d'uniforme dans la vie. Parfois ça aide. On commence par les chaussures.

Ils vont rue Lafayette où on solde les chaussures anglaises qui sentent bon le cirage *Lion Noir*. Ils achètent un *trenchcoat* aux établissements Gaston dans le Neuvième. Un canotier, des chemises blanches, un costume, un gilet de laine. Achim se démilitarise. Il commence à ressembler à un Parisien des beaux arrondissements, avec une touche d'Apache parce que Maud connaît les codes. Un après-midi, place Vendôme, il lui offre un bijou, un bracelet, sur le compte des deniers publics allemands. Une avance sur les réparations en quelque sorte. Sortant de la bijouterie, ils traversent la place. Les avenues et les places de ce temps sont encore, plus pour longtemps, ce beau mélange de piétons qui flânent, de charrettes à bras, de fiacres d'un autre âge et de voitures lentes. Arrivés en bas de la colonne Vendôme, Maud lui montre le socle de la statue, la porte aux motifs impériaux, et entre deux grotesques victoires ailées, la dédicace latine gravée dans le bronze.

— Achim, je suis sûre que tu connais le latin, toi ! Qu'est-ce qui est écrit au bas de la colonne ? Je t'explique après pourquoi ça m'intéresse.

— Eh bien, il est écrit que… Napoléon a consacré cette colonne à la gloire de l'Armée française. Et que… la colonne a été faite avec le bronze pris à l'ennemi pendant la guerre contre l'Allemagne.

— Ah bon ? Tu sais, cette colonne, ma mère l'avait vue tomber. Elle me racontait souvent. Un souvenir de la Commune de 1871. Tu sais, la révolution ? Ils avaient abattu la colonne. Avec des cordes. Toute une fête, il paraît. Après, on l'a remise en place. Je ne sais pas pourquoi les communards l'avaient abattue… Je ne me souviens plus de ce que ma mère disait. T'as une mère en Belgique ?

— Non. Ni père, ni mère.

— Pareil.

— Maud. J'essayerai de savoir pourquoi vous, les Français, vous édifiez et vous abattez les colonnes…

— Haha ha. Tu causes quand même bien français pour un Belge…

D'une saison à l'autre, Maud emmène Feuerberg partout dans Paris : au Louvres où Achim reste des heures, dans les galeries d'art ruinées où les Anglais achètent pour trois francs le meilleur de l'impressionnisme, du fauvisme et du cubisme, au Vélodrome d'Hiver voir des courses de demi-fond, au Pathé palace, Boulevard des Italiens, au Gaumont-Vendémiaire, au Palais du Trocadéro. Sur l'esplanade, des vieilles femmes d'une Belle Époque révolue, se promènent coiffées de grands chapeaux noirs et couvertes de peaux de renards. Achim monte enfin sur la tour Eiffel, voir la ville et le seul endroit de la ville où on ne voit pas la tour. Puis ils se promènent sur les quais de la Seine où on débarque des péniches toutes sortes de métaux. Un immense marché métallique venu du front, des montagnes de fer, de cuivre, de nickel mais aussi des monceaux d'alliances en or, d'étuis à cigarettes, de briquets, de pipes, de gourdes, de médailles, de gamelles. Achim et Maud fuient ce ressac des cimetières. Ils vont déjeuner, sur l'herbe au bois de Boulogne ou bien au Café d'Alexandre, Impasse du Caire. Au Pathé Gobelins, dans le Treizième, ils voient les drames populaires de Pierre Decoucelle, les ciné-romans en épisodes de Louis Feuillade, les films d'Irma Vep, la muse des surréalistes, amie de Colette. Maud disparaît parfois deux ou trois jours sans donner trop d'explications. Elle travaille comme serveuse dans un beuglant, chante pour deux francs au passage Choiseul, est couturière d'appoint dans des boutiques de mode, pose nue dans les académies, les ateliers. Ce côté-là de sa vie, Achim ne le connaîtra jamais de près. Les jours sans elle, il reste seul. Le printemps est froid et sombre. Achim marche au long des jours sans lumière, dans des ténèbres pluvieuses. Il attend le soir et la seule lumière qui vaille, celle de l'abat-jour de Maud, la lumière chaude sur son corps, la lumière qui se reflète dans ses yeux. Il attend la nuit comme d'autres attendent le jour. Sybille n'habite plus son esprit. Elle est devenue une image ; elle s'éloigne, elle va s'installer dans ce coin du cerveau où vivent les souvenirs. Il ne sait pas qu'elle est alors en prison à Berlin. Il ne le saura jamais. Il ne s'accroche plus à l'idée de la retrouver et qu'ils partent ensemble. Ce revenant de l'horreur n'abrite plus de rêve à l'eau de rose pour survivre. Une lente agonie des sentiments commence. Il n'imagine pas un seul instant que ses nuits et ses jours avec Maud lui font passer la frontière entre le passé et le présent. Allemands ou Français, les hommes ne savent pas qu'on n'est jamais qu'un corps qui pense. En attendant que Maud et le soir reviennent, Achim se met enfin à écrire parce qu'il a passé la frontière, la seule qui vaille, celle du pays où les pages se tournent. Il écrit. Il écrit des morceaux de son histoire, seul à la table du réfectoire de la rue de Fleurus. Il écrit dans les brasseries, dans les parcs où il attend Maud. Il écrit parce qu'il a survécu. Il écrit pour survivre. Dans le train qui passait la ligne de front, il avait compris que l'écriture était une guerre livrée à soi-même pour s'arracher une vérité. Ou au moins une sincérité. Dans cette guerre-là, on ne signe jamais la paix avec soi. Jamais. Juste des armistices, des cessez-le-feu. Comme cet après-midi-là où le soleil paraît enfin. Achim est étendu sur l'herbe du grand parc de Belleville. Il attend Maud. Des oiseaux noirs passent dans la fraîcheur bleue du ciel. Une façade blanche s'éclaire le temps d'un rayon entre les nuages. Ça bourdonne sur les premières fleurs des arbres. La timide chaleur du printemps passe sur sa joue. Achim relit ses dernières phrases. Il a écrit son histoire. Il pose son cahier dans l'herbe. Il redevient cet homme enfin vide, disponible, qui a éclusé toutes les absences de sa vie. Pour quelque temps au moins. Il goûte au plaisir de l'amnésie, à l'ivresse de n'être enfin plus personne. Il s'endort. Maud arrive tout illuminée d'énergie de vivre. Elle le voit dormir dans le soleil, la main sur sa poitrine, comme s'il était mort. Elle voit le cahier ouvert sur l'herbe ; le vent fait tourner les pages et le livre raconte tout seul les choses. Elle ramasse le carnet, s'aperçoit que les premières lettres des mots sont en majuscule. Achim ouvre les yeux. Elle ne demande rien. Elle s'étend près de lui. Ils profitent encore du soleil qui réchauffe les Buttes-Chaumont.

Chapitre XIII
Les scarifiés

Paris, Quai d'Orsay.
Entre l'hiver et le printemps 1919.

12 heures 30 aux Affaires étrangères : le flot des congressistes sort du ministère ; c'est la foule habituelle d'hommes blancs à cols-cassés. Ils poursuivent leurs discussions sur le seuil. Ce jour-là, ils ont planché sur l'avenir des territoires d'Afrique ex-allemande. L'Américain Beer tente encore de persuader les délégués de faire administrer ces pays par la Société des Nations. Mais les puissances coloniales et les dominions exigent le partage. L'Afrikaner Jan Smuts trouve un compromis : les mandats. L'Angleterre sera mandatée par la SDN pour administrer l'ouest du Togo, le nord-ouest du Cameroun et le Tanganyika. La France recevra un mandat sur l'est du Togo et l'essentiel du Cameroun ; la Belgique sera mandatée au Ruanda-Urundi. Des mandats qu'on dira bientôt de classe B : c'est-à-dire pas question d'indépendance pour les réputés sous-développés. Jan Smuts obtiendra un mandat de classe C sur le Sud-Ouest africain, autant dire une assimilation de la Namibie au territoire afrikaner. Antoine Savignac, qui a livré quelques cartes du Cameroun, sort du Quai d'Orsay. C'est devenu une habitude, il scrute la foule de moins en moins nombreuse à mesure que les semaines passent. Il cherche Achim. Il le trouve puis son regard s'arrête sur Maud qui accompagne son amant. Savignac arrive, inhabituellement souriant et toujours ironique :

— Amène-toi, ami flamand. Il y a un papier à faire au Grand Hôtel. Tu vas voir, ça va intéresser les lecteurs belges ! Vous nous accompagnez, Mademoiselle ? Achim, tu nous présentes ?

— Je suis capable de me présenter toute seule, joli jeune homme : je suis Maud Varlin.

— Absolument charmé. Antoine Savignac. Je tuyaute notre ami belge. Je vous emmène en Afrique. Après on déjeune en Chine.

Sans trop comprendre, Achim et Maud le suivent. Les trois jeunes gens prennent le métropolitain jusqu'à la sortie Opéra. Ils sympathisent. Savignac le cynique est agréable, grâce à un miracle nommé Maud… Un miracle qui plaît à Feuerberg, heureux de faire semblant devant elle d'avoir un ami à Paris. Sortie Opéra Garnier, ils traversent le Boulevard des Capucines et passent devant le Café de la Paix. Achim souffle dans l'oreille de Maud

— Il y a un bar aux Capucines… Un bar pour hommes, non ?

— Pour hommes ? Oui. Il y a un bar pour les garçons qui aiment les garçons aux Capucines. T'es bizarre Monsieur Brandbergen ! Tu ne sais pas ce que c'est une munitionnette mais tu sais où on trouve ce genre d'endroit à Paris !

— Euh… Non, non. Ce n'est pas pour moi. Un ami m'en avait parlé.

Maud lui fait un sourire éclatant, monte sur ses pointes et pose ses lèvres sur ses lèvres, lui serrant doucement les épaules. Antoine Savignac les regarde ; il aimerait bien être à la place de Joachim Feuerberg et recevoir lui aussi des parcelles d'éternité. Ils arrivent au Grand Hôtel. Le grand hall est de style Napoléon III. C'est comme un décor de fêtes impériales dans un roman de Zola, un pont entre le XIXe et le XXe siècle. L'hôtel qui compte huit cents chambres est international. Transformé en hôpital militaire pendant la guerre, le Grand Hôtel héberge encore des officiers anglais convalescents ; ils ignorent qu'ils y fréquentent des indépendantistes irlandais comme Sean O'Kelly et George Gavan Duffy, envoyés par le *Sinn Féin* pour tenter de rencontrer le président Wilson. Mais ce jour-là, sous les luminaires scintillants, on trouve bien plus de têtes noires que de têtes rousses. Des Antillais et des Africains en redingote attendent devant les ascenseurs. Antoine sait où ils vont. Les jeunes gens les suivent, tout le monde descend à l'étage des congrès. Dans le couloir aux tapis rouges, un homme blanc sort soudain d'une grande porte à deux battants. Il crie tout seul : « Du bolchévisme nègre ! Je n'ai jamais entendu ça. Ces négros amerloques vont pourrir la tête de nos nègres ! » Et le correspondant de *La Dépêche coloniale* disparaît dans un ascenseur avec sa fureur. Interloqués, Antoine, Achim et Maud entrent dans la grande salle. C'est là que se tient le premier congrès panafricain de l'histoire. La salle est remplie de Noirs et de quelques Blancs épars. Une cinquantaine de délégués écoutent les interventions des membres du bureau où siègent des hommes et… surprise, des femmes. Les nouveaux arrivés vont inscrire leur nom au registre et se glissent au fond de la salle.

— Savignac, si tu nous expliquais ?

— Avec quelques camarades de ma section SFIO, on suit de près les initiatives des colonisés. Comme ce congrès par exemple.

— Qui sont ces gens ?

— Tu vois l'homme qui parle ? C'est le Sénégalais Blaise Diagne, commissaire aux Forces Noires, député. À côté, costume gris et teint clair, c'est le docteur William Du Bois, le leader des Noirs américains. Ils ont organisé ce congrès avec Gratien Candace un député de la Guadeloupe, celui qui porte une barbe. C'est une sorte d'internationale noire. Ils viennent d'Afrique, des Antilles, de Guyane, des USA. J'ai calculé ça hier : il y a bien cent millions de gens représentés ici. Et quelques observateurs blancs aussi, des membres de sociétés de protection des races indigènes, des trucs comme ça.

— Clémenceau a autorisé ce congrès ?

— Bien sûr que le vieux tigre laisse les lionceaux faire joujou. Ça ne lui coûte rien. Et ça fait plaisir à Blaise Diagne, son recruteur de tirailleurs. Mais il ne recevra pas les délégués noirs. Et encore moins Wilson. Les Américains ont même refusé les passeports aux Noirs de

Harlem. Ils ont dû venir via Haïti, grâce à Elizier Cadet. Un sorcier vaudou.

— T'es toujours incroyablement renseigné, Savignac.

— Bah... À part faire des cartes de géo, je n'ai que ça à foutre, moi, me renseigner. Et tout ça nous intéresse, nous, les Bolchéviques français.

Maud s'est tue en les écoutant converser, se demandant quel lien relie ces deux hommes si différents. Toujours ce halo de mystère autour de son amant. Mais c'est une tout autre question qui lui vient en regardant la table du bureau du Congrès.

— Dites-moi, Antoine, vous qui savez tout... Qui sont les femmes noires qui siègent à ce Congrès ?

— Avec le chapeau à fleurs, la grande collerette blanche et l'air d'être à la messe, c'est Ida Gibbs, épouse Hunt. Une militante de l'égalité des races. Elle a fondé des écoles pour Afro-Américains à Washington. Elle est aussi venue en Europe pour le Congrès de la Ligue des Femmes pour la paix. Personne ne le sait mais cette Ligue des Femmes a inspiré plusieurs des Quatorze points de Wilson. Il faudra un jour réécrire toute cette histoire... Il y a aussi Mesdames Curtis, Hunton et Chapotteau, tout aussi militantes.

— Finalement Messieurs... Paris est la capitale du monde... Les chefs d'État de trente pays sont ici avec des milliers de larbins... Et pourtant... Ce petit congrès pirate est le seul endroit où les femmes et les Noirs ont la parole.

— Maud, j'ai une amie philosophe qui aurait adoré ton résumé des choses. Dis-moi Savignac, ont-ils parlé des colonies allemandes à ce congrès ?

— Tu n'abandonnes jamais toi... Oui. Ils en ont parlé. Hier, les Afro-Américains ont appelé à la création d'une nation noire, refuge de tous les Noirs de la terre, là-bas en Afrique ex-boche. Africains et Antillais ont freiné des quatre fers. Diagne et Candace sont prudents : ils ne veulent pas heurter la France de front. Pour l'instant, ils se contentent de réclamer l'égalité à l'intérieur des colonies. Alors ça s'engueule entre Noirs anglophones et Noirs francophones. On se croirait au Quai d'Orsay.

À la tribune, un homme se lève et commence un discours de clôture. Les bavardages de fond de salle s'arrêtent. Dans un silence d'église, tout le monde écoute le franc-maçon Blaise Diagne résumer les revendications du Congrès : « Nous voulons l'établissement d'un code international pour la protection des indigènes d'Afrique. Nous voulons l'abolition du travail forcé et des châtiments corporels. Nous voulons l'accès à la terre, aux ressources, à l'éducation et la participation des Africains aux gouvernements coloniaux. » Le Sénégalais s'interrompt un instant sous les applaudissements des enthousiastes et les murmures des ultras. Puis il poursuit : « nous voulons une représentation de la Nation noire à la Société des Nations et qu'on y envisage, à terme et j'ai bien dit à terme, l'autonomie des anciennes colonies allemandes : le Togo, le Cameroun, le Ruanda-Urundi, le Tanganyika et le Sud-Ouest africain ! » Dans la salle, un homme se lève et s'écrie : « et le Congo ! » C'est Paul Panda Farnana, agronome congolais et ex-soldat de l'armée belge. Prisonnier en Allemagne, il faisait la correspondance des tirailleurs sénégalais illettrés. C'est ainsi qu'il est entré en contact avec Blaise Diagne. Il reste debout et applaudit son mentor. La salle l'imite et applaudit à tout rompre les revendications du congrès noir. Antoine et Maud se lèvent et battent des mains. Joachim aussi. Dans le vacarme et l'allégresse, Achim entend un fantôme railler dans son for intérieur : « c'est bien, grand Prussien, tu applaudis la fin des colonies allemandes... Tu ne veux plus grimper sur les tours Bismarck ? » Achim ne sait pas trop quoi répondre à cet autre lui-même. Dans le fond de la salle, d'autres Africains venus en voisins, battent des mains : des Egyptiens, délégués du parti *Wafd*, des Algériens, anciens tirailleurs, proches du capitaine de l'armée française Khaled El-Hassani, petit-fils d'Abd El-Kader. Eux aussi viennent d'écrire à Wilson une supplique pour que le droit des peuples à disposer d'eux-mêmes s'applique aux Algériens. On clôture le congrès. Des photographes prennent des clichés ; les membres du bureau prennent la pause. On photographie aussi la salle. Les yeux de Maud clignent sous les flashs. Savignac qui connaît les délégués algériens va discuter avec eux. Maud essaye de rejoindre le bureau du congrès pour voir de plus près ces femmes noires qui militent pour la paix. Achim reste dans l'arrière-salle qui se vide, quand une voix l'interpelle :

— Vous n'êtes pas au Congrès pan-européen ? Vous en avez assez de la Conférence blanche ?

C'est l'Africain de la rue de Fleurus qui lui parle. Le Noir scarifié avec qui il déjeune en silence le matin. Un homme dont il n'a jamais entendu le son de la voix et qui lui parle de Congrès paneuropéen, de Conférence blanche. Feuerberg sourit à cette façon d'appeler les choses. Son interlocuteur continue sur le même ton.

— On dirait bien que le droit des peuples à disposer d'eux-mêmes est celui des peuples blancs. Et encore pas tous, uniquement les Blancs vainqueurs. Et pour ces peuples vainqueurs, ce droit est aussi celui de disposer des autres peuples. Vous ne croyez pas ?

— Peut-être. Vous savez, je vous ai vu essayer de serrer la main du président Wilson, il y a un mois, devant le Quai d'Orsay. C'est étrange. On se voit si souvent et je n'avais jamais entendu votre voix. Mais je ne sais toujours pas qui vous êtes ni d'où vous venez ? Vous qui parlez si bien français.

— *Ich spreche auch Deutsch, Herr Brandbergen. Ich heiße Koffi Olympio. Ich komme aus Togoland* (⁷).

Joachim s'arrête net. Le Togolais lui a répondu dans un allemand simple et harmonieux. Il sait. Il sait qu'Achim est allemand et il a voulu lui montrer. Comment sait-il ? Depuis quand ? Eberman, peut-être, aura commis une imprudence. Les pensées de Feuerberg vont vite. La langue allemande, le scarifié l'aura apprise au Togoland dans

---

(⁷) Je parle allemand aussi, Monsieur Brandbergen. Je m'appelle Koffi Olympio. Je viens du Togo.

une école protestante. Et le français ? La France a conquis le Togo en 1914 ; il a pu l'apprendre dans un camp de prisonniers. Ou alors il vient des frontières avec le Dahomey français ; Achim revoit avec netteté les cartes de géographie du Gymnasium impérial de Potsdam. Comme Olympio soutient son regard avec bienveillance, l'inquiétude d'Achim reflue. Quelque chose lui dit que le scarifié n'a pas l'intention de le donner à la police française. Il l'aurait déjà fait. S'il veut de l'argent, il le saura vite et il a de quoi payer son silence. Mais cette hypothèse ne lui semble pas crédible. Quelque chose dans l'attitude d'Olympio, la douceur de sa voix, son sourire aimable, lui disent qu'il ne veut rien d'autre que le saluer comme on salue quelqu'un avec qui on a un point commun. Conclusion irrationnelle mais qu'y a-t-il de rationnel à ce qu'un homme de Lomé et un homme de Tannenberg échangent des politesses en français dans un congrès panafricain organisé par des gens de Harlem et Dakar ? Savignac en a fini avec ses amis algériens ; il vient interrompre le dévoilement des identités de Feuerberg et d'Olympio. Le Français dévisage longtemps le Togolais scarifié qui reste imperturbable, par nature et parce qu'il a l'habitude.

— Monsieur. Permettez, je vous reprends votre Belge. On va déjeuner ! Venez-vous avec nous ? Je me présente : je suis Antoine Savignac, délégué de la SFIO.

— Enchanté. Je suis Koffi Olympio, délégué de la Gold Coast. Vous m'en voyez désolé mais je suis attendu.

Achim remarque qu'Olympio masque ses origines togolaises en se disant de la colonie anglaise voisine. Si Achim connaissait le monde, il saurait que c'est le même peuple de chaque côté de ces frontières coloniales, depuis la Gold Coast jusqu'au Dahomey en passant par le Togo : le peuple de l'ancien royaume éwé sur le golfe de Guinée. Si Achim connaissait le monde, les scarifications de Koffi Olympio lui auraient même donné le nom de son village et il aurait su que son prénom signifie : né un vendredi. Olympio a déjà disparu. Antoine et Achim retrouvent Maud à la sortie du Congrès et sortent du Grand

Hôtel par les couloirs aux tapis rouges. Les autres congressistes africains vont déjeuner. Ils s'installent au Café de la Paix, à la stupéfaction de quelques officiers américains attablés. Les garçons de salle sont déférents ; ils installent les clients africains, les vouvoient, leur apportent les cartes, prennent les commandes. Alors, scandalisés, les officiers ségrégationnistes quittent le restaurant sans manger.

Au Quai d'Orsay, personne ne recevra les délégués de la nation noire. On ne reçoit même pas les Juifs échappés des pogroms d'Ukraine ni les Arméniens martyrs survivants, alors... écouter les Noirs de Harlem à propos du droit du Cameroun à disposer de lui-même. D'autres Européens vont disposer du Cameroun et de toute l'Afrique ex-allemande. À l'été 1919, les tout derniers Allemands quitteront la terre africaine pour toujours. Dans *L'Humanité*, Pierre Renaudel écrira alors, prophétique : « à présent qu'on a enlevé ses colonies à l'Allemagne, elle ira tôt ou tard coloniser la Russie. »

Antoine, Achim et Maud reprennent le métro et descendent Gare de Lyon. Ils traversent la place, surveillée par les yeux de hibou de la tour-horloge à cadrans. Sous les câbles du tramway suspendus en fils d'araignée, des Parisiens vont et viennent. Maud croit qu'Antoine les emmène déjeuner au prestigieux *Train bleu* mais il les guide dans l'îlot Chalon, un quartier de baraques insalubres et d'entrepôts ; c'est le premier quartier asiatique de Paris. Des milliers de Chinois employés dans l'armement sont restés en France et sont devenus marchands ambulants ou ouvriers dans l'industrie automobile. Ils se sont rassemblés derrière la Gare de Lyon, inaugurant les premières vagues d'immigration masculine venues des autres continents. Les trois jeunes gens s'installent dans un bouge sale, misérable mais délicieusement odorant ; on leur sert des bouteilles de bière *Sinthao* brassée dans l'ex-concession allemande de la baie de Kiao-Tchéou. Maud boit lentement. Feuerberg et Savignac tètent au goulot à une vitesse folle, posent les bières vides sur la table et commandent la même chose. Aux tables crasseuses autour d'eux, on parle cantonais, mandarin, wenzhou. Savignac commande le plat du jour pour trois et dit au couple :

— Pendant des siècles, l'Europe s'est exportée dans le reste du monde. Mais après cette guerre, c'est le monde qui va affluer en Europe. On les a tous conviés à venir mourir avec nous. Normal qu'on se mette à vivre ensemble à présent.

— Les Allemands n'ont pas emmené leurs colonisés en Europe, répond Feuerberg.

— C'est parce qu'ils n'avaient pas la maîtrise des mers, même avec leurs putains de sous-marins.

— Non. Ce n'est pas ça, Antoine. Tu n'y es pas. Tu ne connais pas l'Allemagne.

— Et toi ? Tu la connais ? demande Maud aussitôt.

— Je l'ai même vue de très près...

Le repas arrive à point nommé. Savignac se jette sur la nourriture sans mot et sans procès. Maud goûte avec curiosité. Feuerberg les regarde avec effarement, manger une bouillie d'avoine et d'orge et une soupe où flottent des légumes blancs et verts. C'est la cuisine du Shandong à la mode parisienne, c'est-à-dire à la mode de ce qu'on trouve à Paris trois mois après la guerre. Les jeunes gens ne le comprennent pas mais autour d'eux, on ne parle que des délégués chinois à la Conférence de paix. Lou Tseng-Tsiang a demandé aux Grandes Puissances le départ des Japonais du Shandong d'où sont originaires la plupart des Chinois de Paris. Lou Tseng, marié à la Belge Berthe Bovy, a plaidé en français. Tout passionné d'art chinois qu'il soit, Clémenceau a été indifférent. Comme d'habitude, Lloyd Georges a fait semblant de ne pas comprendre. L'autre délégué chinois, Wellington Koo, formé à Columbia, a tenté de piéger Woodrow Wilson à sa rhétorique d'émancipation. Il a réclamé, dans un anglais parfait, un référendum d'autodétermination au Shandong, cœur de la Chine, berceau de Confucius, une province où personne n'a l'intention de devenir japonais. Wilson, si prompt à faire voter les habitants d'une vallée perdue des Carpates, a renvoyé la question à une commission où siègent... les Japonais. Antoine, Achim et Maud ne comprennent pas ce qui se dit autour d'eux mais les Chinois sont furieux de tout ce mépris. Et un scandale a éclaté en Chine républicaine. On a découvert qu'en 1917, les USA avaient signé un accord secret avec le Japon, un accord qui reconnaît à Tokyo des intérêts spéciaux en Chine. Des intérêts spéciaux... Aujourd'hui le Japon monnaie son vote en faveur de la SDN en échange de l'application de cet accord. Les Chinois sont excédés par le Japon, par les USA, par l'Occident, par leurs dirigeants.

— Tu ne manges pas, Brandbergen ?

— Si. J'attends que ça refroidisse. Pourquoi nous as-tu amenés ici Savignac ?

— Pour la cuisine, pour voir l'Asie après l'Afrique et parce que j'attends quelqu'un... Quelqu'un qui arrive, d'ailleurs...

Nguyễn Tất Thành, un jeune homme au visage long, barré d'une mèche noir corbeau, apparaît. Il porte une veste à double rangée de boutons ronds, un col droit et une cravate noire assortie à ses yeux. L'élégant jeune homme a l'âge d'Achim et d'Antoine : pas trente ans. Le soir, Nguyễn est journaliste, à *Vie ouvrière*, sous le pseudonyme de Nguyễn Ái Quốc (le patriote) ; la journée il fait la plonge au Ritz. L'Indochinois fait le baisemain à Maud et s'installe à la table des Blancs, à côté d'Antoine, face au couple franco-allemand.

— Brandbergen, chère Maud, je vous présente un ami annamite que la France a condamné au bagne en 1914. Pour collusion avec l'Allemagne...

Le nouvel arrivé se tourne vers Achim et Maud et leur dit, avec de la bienveillance dans la voix :

— Vous excuserez Antoine. La guerre lui a fait perdre les manières. Il aime tellement mettre les gens mal à l'aise. En 1914, la Ligue des droits de l'homme de Saigon m'a fait libérer. L'accusation n'était pas fondée. Ne vous inquiétez pas pour mon dévouement à la France.

— Je n'étais pas inquiet... sourit Feuerberg.

— Et moi, je m'en fous… surenchérit Maud, à la surprise amusée des trois autres.

— Tu as vu ton père récemment, Antoine ? demande le jeune Indochinois.

— Pas vraiment…

— Pas vraiment ? Tu devrais. Mais changeons de conversation. Connaissez-vous l'Extrême-Orient, Mademoiselle ?

— Je ne connais que Paris, Monsieur. Ma mère avait vu l'Océan Pacifique. Elle était toute jeune. On l'avait envoyée loin pour la punir. En Nouvelle-Calédonie. Avec les proscrits…

— Votre mère a fait la Commune ? réagit Antoine avec un vif intérêt et une montée irrésistible de respect pour l'enfant d'une femme de la Commune.

— Antoine, ne me regardez pas comme si j'étais la Vierge. Oui. Ma mère a fait la Commune. Condamnée au bagne puis amnistiée. Elle n'en aura pas profité longtemps.

— La France est un mélange d'idéal et de férocité, Maud. Nous en savons quelque chose, nous, en Indochine. Comme votre mère, j'ai vogué sur le Pacifique. Mais depuis la cale d'un bateau-vapeur, on ne voit pas grand-chose… Et vous, Monsieur-le-silencieux qui ne mangez pas, avez-vous voyagé ?

— Ces dernières années, j'ai voyagé d'une tranchée à l'autre, répond Feuerberg en regardant flotter les légumes dans son bouillon tiède.

— Je comprends. C'est terrible ce que l'Europe s'est infligé à elle-même et ce qu'elle inflige au monde.

— Et vous Monsieur qui venez de si loin, que faites-vous en Europe ? demande Maud

— Je voyage. Je travaille. Je milite. J'écris… En ce moment, j'essaye de rencontrer les Grands de ce monde pour plaider la cause indochinoise. Mon pseudonyme signifie « grandes espérances », après tout. Dans l'hypothèse d'un échec, j'étudie les techniques de guerre des Berbères du Rif. À toutes fins utiles. Wilson a décrété le droit à l'autodétermination des peuples en 1918 ; Lénine a proclamé leur droit à l'insurrection en 1917… Mais nous n'avons besoin de l'autorisation ni de l'un ni de l'autre. Je vous prie de m'excuser à présent, je dois vous laisser.

Sur ces mots étranges, l'Indochinois se lève, passant subitement d'une tranquillité rêveuse à un air décidé. Il sort un papier de sa poche et le tend à Antoine.

— Voilà mon article pour ton journal de section. Si tu vois ton père, dis-lui que je le salue et que je le remercie pour la publication dans *L'Humanité*. Au plaisir, Mademoiselle. Au revoir, Messieurs.

Le jeune homme incline la tête et s'en va. Lui et quatre de ses camarades, viennent d'envoyer à Wilson et à Clémenceau un cahier de revendications du peuple annamite et une demande d'audience. Comme le Sénégalais Blaise Diagne, ces cinq jeunes d'Indochine ne demandent pas l'indépendance mais l'égalité avec les Français, des garanties judiciaires identiques, la suppression des tribunaux d'exception, l'amnistie des prisonniers politiques, la liberté de presse et d'association, l'autorisation de voyager, la création d'écoles pour les autochtones et enfin, une représentation au Palais Bourbon. Le jeune plongeur du Ritz ne sera jamais reçu par les présidents américain et français. Vingt-cinq ans plus tard, désormais connu sous le nom de guerre d'Hồ Chí Minh, il obsédera tous leurs successeurs à qui il arrachera l'indépendance du Vietnam par les armes. Après le départ de Nguyễn, les jeunes gens replongent dans leur assiette vapeur.

— Tu n'aimes pas la cuisine d'Asie, Achim ?

— Je n'en ai pas l'habitude, Maud. C'était pourtant bien pire la soupe sur le front. C'est plutôt bon ce bouillon. Il était intrigant ce jeune homme de Saigon. Si proche, si lointain… Vous savez, Maud et Antoine…

— Dis-nous, Monsieur silencieux…

— J'ai fait une guerre mondiale et je n'ai jamais pensé au monde.

Chapitre XIV
La liste

Paris. 16, Rue de Fleurus.
27 mars 1919, 10 heures.

— J'ai vu votre rapport ! Mais qu'est-ce qu'on en a à foutre que cinquante nègres réclament l'indépendance du Cameroun ? Qu'est-ce qu'on en a à foutre ! Mais qu'est-ce que vous croyez ? Que Berlin nous a envoyés à Paris pour espionner des réunions d'Africains ! Et puis vos histoires d'Indochinois communistes ? Mais qu'est-ce que Berlin en a à faire ? Vous êtes idiot ou quoi ?

Ce soir-là, Eberman oublie toute prudence. Il est tellement furieux contre tout, contre Gabriel Savignac qui a disparu de la circulation, contre son gouvernement dont il est sans nouvelles, contre cette mission absurde, contre lui-même qui n'a pas le courage de rentrer sans en avoir reçu l'ordre. Et il est furieux contre ce Feuerberg qui ne lui réserve jamais même une poussière d'amitié. Ils ont passé l'hiver entre la frustration haineuse de l'un et l'indifférence méprisante de l'autre. Le printemps est là et Eberman laisse éclater sa colère contre l'inexorable Achim. Il l'empoigne par le col. Son mépris et son stress lui font perdre toute prudence avec son chien de guerre. Il hurle sur lui à dix centimètres en dessous de son menton car Eberman est assez petit.

— Et qu'est-ce que c'est que ces dépenses dans les restaurants et les spectacles ? Il y a même une facture pour un bijou ! Mais vous utilisez les fonds de la République allemande avec une prostituée française !

Feuerberg prend les poignets d'Eberman et les écarte comme on ouvre un journal. Puis il met les mains à la gorge du politicien et serre, serre, serre. La tête d'Eberman devient cramoisie et ses yeux révulsés. Étrangler un socialiste… la seule façon de le faire devenir rouge. Mais l'ex-lieutenant desserre son étreinte criminelle et dit, très lentement.

— Ne parlez pas d'elle de cette manière. Et ne me parlez plus jamais ainsi. Vous qui n'avez même pas été soldat de l'arrière…

Eberman recule. Il s'étouffe dans une toux étranglée, arrive à peine à respirer l'air vicié de l'appartement. Il suffoque encore quand Feuerberg sort calmement, sans un mot. Il rencontre Gabriel Savignac sur le pas-de-porte. C'est une des rares fois où le vieux militant se rendra rue de Fleurus entre janvier et juin. Il est entré tristement sous le porche de l'immeuble, a laissé distraitement son nom sur le registre des visiteurs, est monté lentement au 3ᵉ étage. Dans le couloir sombre, la seule vision de l'escalier l'a essoufflé. Eberman est heureux de voir celui qu'il attend si souvent et qui vient peut-être de le sauver d'un meurtre. Mais il est effrayé. Depuis janvier, Savignac, soixante-et-un ans, semble avoir vieilli d'une année par semaine. Il n'a même pas enlevé son manteau. Sa barbe hirsute ne dissimule plus la maigreur. Savignac n'a pas un regard pour Feuerberg. Les deux vieux socialistes s'asseyent à la table du salon encombrée de dossiers. Dans la lumière passant par les voiles de la fenêtre, le Français et l'Allemand composent un tableau à la manière du peintre belge De Braekeleer. Achim n'a aucune envie de rester là, comme une tache de jeunesse dans ce vieux tableau sinistre. Il leur dit qu'il part chercher le courrier à la poste restante de Belleville et claque la porte. Dans la cour de l'immeuble, il aspire l'air comme s'il sortait d'un caveau. Dans l'appartement, Eberman a desserré son col de chemise. Savignac lui tend une liasse de documents qui circulent déjà dans Paris.

— Tiens, Camarade. Le dossier des crimes de guerre. Ce sera une annexe au traité. Les Alliés ne vont pas tarder à vous l'envoyer.

J'ai pensé… J'ai pensé que ça vous aiderait à faire le ménage dans votre armée, à débusquer… les crapules, les tueurs…

La voix de Savignac se brise.

— C'est terrible ce qui est écrit dans ces pages, Bernhard. Je le savais. Nous savions au fil du temps. Mais lire tout cela en une fois, lire ces choses, cette liste… C'est… Un appel à la vengeance.

Savignac est un homme du XIXe siècle. La violence, il connaît. En 1907, il a vu flamber les préfectures pendant la révolte du Midi rouge quand les viticulteurs crevaient de faim. En 1909, il a vu les grèves ouvrières à leur paroxysme quand Clémenceau faisait tirer sur la foule. En 1911, il a vu des milliers de manifestants de la périphérie marcher sur Paris et mettre le feu aux hôtels particuliers des boulevards de l'Étoile. Il a connu la Belle Époque, pas celle de Proust, celle où les jeunes gens pauvres n'avaient pas de bristols dans les poches mais des brownings. Il a vu la vendetta des bandits tragiques de Jules Bonnot, vendetta désespérée, vendetta d'orphelins arrivés au cimetière sans avoir vengé leur jeunesse saccagée. Mais la violence industrielle, répliquée, machinale, sans la plate excuse de l'idéal, la violence d'anéantissement, massive, mécanique, systématique, non, il ne l'a pas vue. Il l'a lue sur ce qui restait de visage à son fils Charles, au Val de Grâce. Il l'a lue dans ce dossier à charge que les Alliés ont constitué contre l'Allemagne. Toute la brutalisation du monde est dans ces pages qu'il laisse à Eberman comme un cadeau empoisonné. Le Français s'en va. L'Allemand, encore sous le choc de son agression, s'assied dans le seul fauteuil de la pièce et ouvre le dossier. Cela commence par une copie des articles du traité intitulés : « sanctions ». L'article 228 ordonne au gouvernement de Berlin de livrer aux tribunaux alliés tous les Allemands accusés d'actes contraires aux lois de la guerre. Eberman feuillette la liste classée par pays, une liste de 896 noms. La Belgique, d'abord, réclame l'extradition de 265 Allemands, tous des hommes. La liste est alphabétique, du sous-officier Aberland au Major Zurtsche. Eberman va de nom en nom, de numéro en numéro. Le numéro 20 est recherché pour « atteinte à la souveraineté de la nation » : le chancelier Bethmann-Hollweg. Les généraux allemands sont poursuivis pour « atrocités », sans précision, excepté Von Falkenhausen dont les Belges demandent l'extradition pour la cause surréaliste « d'occupation illégale du pays ». Guillaume II est poursuivi « pour offense suprême à la morale internationale ». Puis tous les grades y passent et l'horreur commence : capitaines recherchés pour meurtres, soldats pour brutalités, administrateurs pour vols, gardiens de camp pour viols. Le numéro 21, Bigodsky, grade et prénom inconnu, doit répondre du meurtre d'un détenu à Charleroi. Le numéro 19, l'Oberlieutenant Berninghaus, de la déportation criminelle de toute la population de Lokeren. La moitié des crimes énumérés datent d'août 1914. Le mot « atrocités » revient quatre-vingt-sept fois. Dans la liste, les viols sont nommés « mauvais traitements infligés aux femmes ». Les auteurs sont parfois implacablement identifiés comme le n° 141, le médecin-chef Karl Liebe, de Wilhemshafen, affecté à l'hôpital de Blankenberge, réclamé pour le viol à trois reprises d'une enfant de treize ans, le dix-sept février 1917. La plupart du temps, il est écrit : « recherché pour atrocités » ou « recherché pour déportations ». Parfois une date, parfois, non. Des hypothèses à des fins d'identification figurent dans la colonne de droite : serait procureur à Stuttgart, serait brasseur à Munich, habiterait Leipzig, était surnommé le dompteur... Il y a des lieutenants aussi. Des lieutenants comme Joachim Feuerberg ? Bernhard cherche son nom, même mal orthographié, dans cet inventaire à la Prévert de l'horreur. Il cherche : Ferchner, non, Finzel, non Flechstein, non, Frobenius, non ! Aucun Feuerberg. Il le cherche alors parmi les non-identifiés, comme cet officier qui mit en joue trois femmes, serrées l'une derrière l'autre, et les tua d'une seule balle frontale, à Lisogne, dans le pays de Dinant. Ah non, c'est un Uhlan... Eberman ne trouve rien qui évoque son compagnon détesté. Il n'aurait pas non plus trouvé mention de cette femme promenée par la foule dans les rues de Bruxelles en novembre 1918 : nue, tondue, marquée au fer rouge d'une croix prussienne sur le front parce qu'elle montait avec des Allemands. « Actes contraires aux lois de la guerre... » Eberman tente de trouver Feuerberg dans la liste britannique. Mais elle comporte essentiellement des noms de sous-mariniers des *U-Boote*, avec la liste des bateaux, des tonnages coulés et la date des torpillages. Pas de Feuerberg. Eberman continue, par entêtement, par fascination morbide aussi. Dans la liste anglaise, on trouve les dirigeants turcs incriminés dans ce qu'on n'appelle pas encore génocide mais « massacres de masse » des Arméniens. Les évocations épouvantent Eberman. Les Anglais réclament les coupables turcs « dans le cas où ils se trouveraient en Allemagne » et, de fait, certains s'y trouvent. Les Anglais ont aussi inscrit les noms des commandants d'escadrilles de bombardiers responsables des raids criminels sur Londres et Édimbourg dont le seul but était de casser le moral des adversaires en écrasant leurs enfants sous les bombes. La liste ne fait pas mention des milliers d'enfants allemands morts de malnutrition, de scorbut et de dysenterie après que la Mer du Nord ait été déclarée zone de guerre et tous les bateaux de ravitaillement allemands coulés. Eberman passe à la liste française, toujours dans l'espoir incertain d'y trouver Feuerberg. L'inventaire français est plus littéraire. Il relate des histoires, comme celle du capitaine Dultingen du 57ᵉ régiment qui avait ordonné qu'on fusille un enfant dont la mère était morte. Le capitaine avait donné cet ordre « parce que l'enfant ne devait pas rester seul au monde ». Et ça continue, des centaines d'histoires : incendie de Cambrai, Reims, Mulhouse, Longwy, sourd muet abattu parce qu'il ne répond pas aux questions, blessés achevés à coups de crosse, tirs sur les ambulances, bombardements des hôpitaux, incendies, incendies, incendies. Curés, maires et instituteurs exécutés systématiquement. Synagogue de Lunéville brûlée après qu'on y ait enfermé le rabbin et sa fille de seize ans. Organisation de la famine dans les camps de prisonniers russes, opérations chirurgicales de prisonniers blessés dans des conditions barbares, refus de soins, vols de colis, pillages, actes de torture. La liste française compte 334 noms. Eberman est de plus en plus détruit à mesure qu'il tourne les pages de cet herbier barbare. Aucun Feuerberg. Aucune mention non plus du général français Robert Nivelle qui sacrifia 187.000 vies conduites à l'abattoir du Chemin des Dames sans avancer d'un seul mètre. La liste italienne est la même litanie de torpillages de bateaux et de brutalités dans les camps de prisonniers, 29 noms seulement. Les Italiens se réservent pour la liste austro-hongroise. La liste italienne ne mentionne pas ce jour de 1917 où des mitrailleurs hongrois cessèrent de tirer sur les vagues humaines qu'un général italien envoyait à la mort toutes les dix minutes. Les mitrailleurs hongrois écœurés, criaient aux Italiens : « mais rentrez dans vos lignes, c'est inutile ! » La liste n'en parle pas, pas plus que des milliers de soldats italiens, français, belges, serbes fusillés pour l'exemple, condamnés au bagne pour rébellion, électrocutés pour lâcheté, bannis des mémoires et chassés des monuments aux morts. Eberman arrive à la fin. Liste polonaise. Quelque chose de rythmique comme la liste belge, une vraie boîte à musique, à côté de chaque nom allemand, il est écrit : chantage, extorsion, incendie, pillage, meurtre. 51 noms. Liste roumaine : 41 noms. C'est celle qui, de toutes, décrit le plus clairement la politique allemande d'extermination systématique des prisonniers. La 7e liste est la plus courte, liste serbe : 4 noms pour pillages. Eux aussi doivent attendre la liste des crimes autrichiens et bulgares pour parler des arbres décorés comme des sapins de Noël avec des civils pendus. Bernhard ferme le dossier. Des larmes coulent sur ses grosses joues. Elles trempent ses grosses moustaches bavaroises. Il ne savait pas... Il ne savait pas... Il se répète intérieurement ces mots, comme une incantation, une formule magique pour éloigner, le plus loin possible de lui, ces 896 compatriotes criminels. Il ne savait pas... Non, non. Il ne savait pas. C'est alors qu'Achim revient à l'appartement et trouve un Eberman prostré. Achim pose sur la table le maigre courrier reçu de Berlin. Il regarde les documents ouverts sur la nappe verte ; il parcourt la page qui lui tombe sous les yeux et comprend immédiatement de quoi il s'agit. Il s'assied sur une chaise. Depuis son fauteuil, Eberman le regarde et lui dit d'une voix faible :

— Vous avez fait ça, Achim ? Vous avez fait des choses comme celles-là ? Vous avez tué des civils en présence de leurs enfants ?

— Non. Pas moi. Quand j'étais avec Günter en 1914. Dans un village belge. On a tué un gamin sur son vélo. Par erreur. Puis, j'ai laissé les hommes tuer des civils. J'ai laissé faire. J'ai frappé des prisonniers, oui… Souvent. Comme tout le monde. J'ai tué… des soldats d'en face. Je n'en sais même pas grand-chose, en fait… J'ai amené mon seul ami à l'abattoir. Mais vous ne trouverez rien de tout cela dans ces listes. Il manque des milliers, des centaines de milliers de noms…

— Je comprends mieux maintenant.

— Vous comprenez quoi ?

— Je comprends qu'ils ne nous pardonneront jamais. Je comprends le traité impitoyable qu'ils nous préparent. Vous étiez des bêtes. Des bêtes féroces…

— Eux aussi. Nous, plus encore. Sûrement… Vous savez ce qu'on nous avait donné comme mot d'ordre en 1914 ? « Mieux vaut tuer un innocent que manquer d'énergie… »

— Qui vous a donné ce mot d'ordre ?

— Vous. Vous tous. L'Empereur, l'État-major, les écrivains, les scientifiques, les industriels, Friedrich Hesselbach, les députés, les *Kaisersocialisten*. Vous tous… Toute la nation allemande… Quand vous portiez des toasts à nos victoires pendant qu'on crevait dans vos batailles de rêve.

Ils restent silencieux de longues minutes aussi ahuris que peuvent l'être deux hommes qui n'ont pour point commun que celui de n'avoir rien à faire ensemble. Pourtant ils se parlent. Feuerberg est triste et calme, Eberman assommé. Achim dit, les yeux fixés sur le tapis élimé :

— Eberman… Je voudrais vous demander quelque chose. J'ai écrit un témoignage de tout cela. Dans un carnet. Quand ce sera fini, quand vous rentrerez, allez le porter à Sybille, la fille de votre ami Hesselbach. Portez-lui de ma part. À Wannsee où Dieu sait où vous la trouverez.

— Pourquoi ne voulez-vous pas le faire vous-même ?
— Je ne rentrerai jamais en Allemagne, Bernhard.
— Entendu, Achim. Je vous le promets.
— Notre mission va durer encore longtemps ?
— Je n'en sais rien. La délégation allemande finira bien un jour par arriver. J'espère que les négociations vont s'ouvrir. Mais je n'y crois plus trop. En tout cas, dès que le traité est signé, je vous libère. Je vous donnerai un billet pour l'Afrique.
— Donnez-moi deux billets sur un paquebot pour le Togo.
— Le Togo ? Entendu. Je vous donnerai de l'argent. Il nous reste quelques liasses. De quoi tenir quelques mois. Je m'arrangerai avec Berlin. Vous ne partez pas seul, Achim ?
— Peut-être pas.

C'était la première et la dernière fois qu'ils s'appelaient par leurs prénoms. Ce fut le seul instant d'amitié entre les deux hommes.

Chapitre XV
Les Dieux des cartes

Paris Belleville, 17 avril 1919.
Dans la matinée.

Le printemps 1919 est un couloir froid vers l'été. Feuerberg se blottit de plus en plus dans les bras de Maud. Comme un insecte dans un cocon. La Conférence lui est devenue indifférente. Il passe son temps dans la chambre de Belleville. Elle ressemble un peu à son ancienne chambre sous les combles du Silésia. Avec un grand lit. C'est la même case départ. La pluie tombe sur Paris, les gouttes frémissent à la fenêtre. Achim n'entend le bruit du monde que derrière un rideau, une cascade. Bien au chaud, il lit les feuilletons littéraires des quatrièmes pages des journaux. C'est souvent du Maurice Barrès, le nationaliste que vénèrent les intellectuels français, au mieux pour son style, au pire, ses idées. Il trouve dans Barrès le portait d'enfants solitaires qui pourraient être Günter, lui et tant d'autres Allemands. Il y reconnaît aussi tout ce qui effrayait Sybille et son frère en Allemagne : la vénération d'ancêtres présumés, l'obsession de leur héritage et de leur hérédité, le culte de la force, la hantise de la faiblesse, l'exaltation de la terre natale… Et ce qu'Achim connaît si bien pour l'avoir éprouvé si fort, cette émotion primitive à l'aube de sa vie : la poésie du paysage. Qu'est-ce que les pays sont beaux par les mots. Ils en deviendraient beaux par les morts. D'ailleurs, quand la guerre est arrivée, Barrès, le chantre des paysages, est devenu « le rossignol des carnages » comme l'avait surnommé Jules Romains.

Dans sa chambre-cocon, Achim se dit que si on remplaçait le mot « Français » par le mot « Allemand », n'importe quel Boche adulerait Barrès. On reconnaît une pensée nationaliste à ceci que les ennemis ont la même. Le coq gaulois et l'aigle germain se ressemblent : petites têtes, beaucoup de plumes. Feuerberg est étonné d'être arrivé tout seul à cette conclusion. Ses dévotions anciennes se sont tues. Dans le labyrinthe de sa pensée, les flèches du parcours s'effacent. Il se réveille autre parce que « je » est un autre et qu'il ne le savait pas encore. Achim est étendu sur le grand lit. Il entend la pluie, regarde le carreau. Le vent incline le rideau de pluie. L'averse pétille sur la vitre. Les gouttes frémissent comme des têtards à la verticale… Case départ…

Midi. Maud revient de ses mystères du dehors, de ce côté de sa vie qui n'appartient qu'à elle. Elle lui dit « viens » et ils ressortent dans un Paris détrempé. Il ne fait plus attention aux uniformes croisés dans les rues. Les scories de sa haine s'en vont avec la Seine. De passage rue de Fleurus pour déposer des extraits de presse pour Eberman, Achim revoit les habitants de l'immeuble international. Il se promène dans les allées mouillées du Luxembourg avec l'Africain du Togo. Koffi Olympio parle de repartir en Afrique. Achim l'écoute avec attention parler d'Abidjan, d'Accra, de Lomé, de Cotonou, du chapelet de villes portuaires du Golfe de Guinée. Peu de choses retiennent Olympio à Paris où les panafricains ont gagné une unité fragile des deux côtés de l'Atlantique mais guère plus. Au contraire des puissances coloniales qui, elles, se sont renforcées. Olympio dit des chefs d'État des grandes puissances qu'ils sont aveugles, incapables de voir ce qui échappe à leurs architectures mentales. Ces politiciens sont si vieux. Feuerberg additionne : à eux quatre, Wilson, Clémenceau, Georges et Orlando ont deux cent cinquante-six ans. Le premier souvenir de Wilson, c'est l'élection d'Abraham Lincoln que sa famille sudiste vécut comme une catastrophe. Clémenceau faisait déjà de la politique cinquante ans plus tôt, du temps de la Commune. Quand Orlando est né, l'Italie n'existait pas encore… Ces chefs d'État viennent du fin fond du siècle précédent. Et en ce printemps pluvieux, ces fantômes forment pratiquement un gouvernement mondial.

Depuis le retour de Wilson, le Conseil des Dix a repris le travail : les quatre chefs d'État, leurs quatre ministres des Affaires étrangères et les deux ambassadeurs japonais. Mais suite au rejet par Wilson de la proposition japonaise d'inscrire l'égalité des races dans la Charte de la SDN, le Japon s'est retiré des négociations. Les Dix deviennent Huit. Puis, sur proposition anglaise, le cercle des négociateurs s'est réduit aux chefs d'État. Les Huit deviennent Quatre. Ils décideront du sort de l'Allemagne. Leurs départements des Affaires étrangères s'occuperont des Autrichiens, des Hongrois, des Bulgares et des Ottomans. Le train des négociations repart. Le pacte de la SDN est signé : vingt-six articles. L'Organisation Internationale du Travail est établie : quarante articles. Début avril, les clauses militaires allemandes sont décidées : cinquante-quatre articles qui interdisent le service militaire en Allemagne, limitent son armée à cent mille hommes, lui interdisent les sous-marins, les blindés et l'aviation, démilitarisent la rive gauche du Rhin.

Restent les frontières et la facture. Pour tracer les nouvelles frontières, on auditionne les représentants des minorités des Empires détruits : Géorgiens, Azéris, Lettons, Dalmates, Ruthènes, Thraces, Roumains de Bessarabie, Serbes de Lusace, Souabes du Banat. Jamais dans l'histoire, on n'a concentré autant d'informations géographiques, démographiques, économiques, historiques, linguistiques. Cinquante-deux commissions sont à l'œuvre. Les coulisses de la Conférence ressemblent à un gigantesque colloque de sciences humaines. Le monde attend ses conclusions dans un silence de mort. Car la guerre tue toujours. Des paquebots explosent sur des mines dérivantes. On publie chaque jour la liste des blessés de guerre mourant dans les hôpitaux. Des paysans sautent sur des obus enfouis dans les champs. Un dépôt de munitions explose. Un train de prisonniers déraille. Rage, tuberculose et rubéole reviennent et avec elles, une nouvelle grippe qu'on croit partie d'Espagne. Arrivée au printemps 1917 avec des soldats du Kansas, elle était bénigne. Elle est devenue létale et s'est propagée dans le chaos des offensives et des contre-offensives. En 1919, la grippe espagnole se répand sur toute la terre. Le taux de mortalité double. Les médecins de campagne et les infirmières des hôpitaux comprennent qu'il se passe quelque chose de terrible. Trente millions de personnes sont en train de mourir… Trois fois plus que la guerre. C'est ce monde décimé qui attend d'être en paix.

Notes et sténographies défilent sur la table d'Eberman. Il lit et détruit chaque page pour ne laisser aucune trace. Avec le temps et l'ennui, il s'intéresse à tout. Il lit la nuit, dort la matinée, marche l'après-midi, perdu dans des pensées qui sortent des frontières allemandes pour la première fois de son existence. Eberman poursuit aussi une métamorphose, comme un termite dans une bibliothèque. Il lit des rapports sur le nationalisme égyptien, l'occupation japonaise de la Corée, la situation des Juifs d'Ukraine, le mélange des peuples grecs et turcs, le Liban déroutant et la Syrie compliquée. Il est frappé par l'ambiance d'improvisation savante qui règne à la Conférence. La diplomatie mondiale semble assembler un puzzle sans modèle, allant d'une pièce à l'autre comme d'énigme en énigme. Pour le Moyen-Orient, Paris attend des solutions d'archéologues bombardés experts politiques. Les négociateurs travaillent sur cinq ou six scénarios par pays, comme des romanciers perdus dans des récits sans issue. À l'est, la politique du fait accompli rythme les négociations. La Conférence a beau décréter que l'occupation des territoires des vaincus ne constitue pas un titre de propriété, les Roumains envahissent la Transylvanie hongroise, Athènes proclame que les deux rives de la mer Égée sont grecques, la Serbie annexe la Macédoine bulgare. Tout est bon à condition de bloquer la Russie, appauvrir l'Allemagne, réduire l'Autriche, diminuer la Hongrie, ruiner la Bulgarie, humilier la Turquie. Un vent de *vae victis* souffle sur 1919.

Mi-avril, arrivent enfin les informations qu'Eberman attendait : le détail des territoires allemands annexés à la Belgique, à la Pologne, à la Tchécoslovaquie, à la Lituanie. Nouvelles frontières allemandes : quatre-vingt-dix articles. L'Allemagne est coupée en deux ; on lui enlève un dixième de son territoire et un huitième de sa population. Le traité de Versailles, cet interminable train de quatre cent quarante wagons, avance inexorablement, alinéa par alinéa. Les cinquante-deux commissions ont tenu mille cinq cents réunions. Le conseil des Quatre s'est réuni cent quarante-huit fois. Fin avril, trois questions les divisent encore : le montant des réparations, la frontière italo-yougoslave et la Sarre que la France veut annexer. Wilson et Clémenceau, au bord de la rupture, parviennent à un accord : la France aura la propriété des charbonnages de la Sarre dont la valeur sera déduite des réparations. La région sera administrée par la SDN pendant quinze ans ; un plébiscite décidera de la suite. Reste l'addition allemande. Lloyd George qui plaidait la clémence en mars, fait un saut périlleux arrière en avril et fait grimper la note à deux cents milliards, plus toute la flotte commerciale allemande. On décide de décider plus tard. Les Allemands n'auront qu'à signer un chèque en blanc. De toute façon, l'article 231 les déclare responsables de tout, toutes les destructions, tous les blessés, tous les morts. On avance sur d'autres fronts ; clauses commerciales, clauses financières, voies d'eau, voies ferrées : cent trente-huit articles de plus. Restent les frontières de l'Italie à qui on avait tant promis pour qu'elle entre dans la danse de mort en 1916. En leur donnant les Alpes centrales et Trieste, Wilson espère que les Italiens laisseront Fiume aux Yougoslaves et l'Albanie aux Albanais. On étudie la carte d'Afrique pour leur trouver une compensation. L'Éthiopie ? Non, elle est indépendante. Ça ne va pas. Une région minière en Turquie ? Pourquoi pas ? Et ça continue. Clémenceau ressemble au gros Monsieur Monopoly. Wilson a l'air d'un pasteur qui amène sa bible à une table de poker. Lloyd Georges déclare à la presse qu'il a l'impression de négocier avec Napoléon et Jésus-Christ. En fait, Clémenceau est d'une cohérence psychorigide. Wilson confond les rêves et la réalité et l'inverse quand ça l'arrange. Lloyd Georges est si déroutant avec ses capacités aux revirements et ses revirements de capacités. Orlando, le seul des quatre à ne pas parler anglais, semble isolé, fragile, exclu. La crise italienne éclate. Wilson veut faire de Fiume une ville libre et confier son régime douanier à la future Yougoslavie. Le vingt-quatre avril, le président américain, en vrai presbytérien, s'adresse directement au peuple italien par voie de presse pour exposer sa proposition. Orlando, fou de rage, claque la porte des négociations. Tant pis pour les Italiens. Les Quatre deviennent Trois. Le printemps est là. Les cerisiers sont en fleurs. Le traité allemand est presque fini, les trains des traités autrichiens, hongrois, bulgares et ottomans sont sur les rails. Les trois chefs d'État sont épuisés. L'Europe et l'Asie ottomane sont passées de vingt à trente-six pays, neuf pays de plus en Europe, sept pays de plus au Moyen-Orient ([8]). Trente millions d'Européens vont changer de nationalité sans compter les migrations massives. La Conférence a créé des milliers de kilomètres de frontières, transféré la souveraineté de douze colonies, jeté les bases d'une Société des Nations, tenté d'organiser la sécurité collective du monde, créé une Organisation Internationale du Travail, neutralisé l'Allemagne et ses quatre alliés, calculé le coût d'une guerre mondiale et le prix de dix millions de vies qui ne seront jamais vécues. Et tout cela, la Conférence l'a fait en cent jours. Reste à régler quelques détails : s'entendre sur un chiffre, faire revenir les Italiens, faire signer les Allemands. Leur délégation doit arriver le 29 avril pour prendre connaissance du traité et, pense-t-on encore à Berlin, le négocier. Eberman sait déjà qu'ils ne négocieront rien. C'est à Versailles que le final se déroulera. C'est là qu'on leur fera signer le traité, à l'endroit même où les Allemands avaient proclamé leur Empire, cinquante ans plus tôt.

Fin avril, Antoine Savignac quitte sans regret un Comité géographique où les cartographes ne sont pas encore au bout de leurs peines et déjà au bord de l'épuisement. Antoine ne dissimule même

---

([8]) Sans compter, hors du champ d'intervention de la Conférence, les dix Républiques soviétiques nées entre 1919 à 1939. Au total, vingt-six pays apparaissent en vingt ans.

plus ses sympathies bolchéviques. Il en a peut-être marre de ses camarades normaliens, ces enfants de la grande bourgeoisie, élites de la République, ou ce qu'il en reste après les moissons de 1914-1918 qui ont fauché la moitié des promotions. Antoine donne un dernier rendez-vous à Achim. Un samedi matin de fin avril, sur une terrasse de la Rive gauche, ils se retrouvent devant un café-crème fumant.

— C'est bon, le café, parfois… Non ?
— Si…
— Je me barre, *Herr* Brandbergen. Fini Normale Sup. J'en ai ma claque des cartes. Viens demain à l'Institut de Géographie. C'est dimanche. On sera seuls. Je vais te montrer la nouvelle carte du monde. C'est la dernière fois que je te rencarde.
— Je viendrai avec Maud.
— Achim, t'es pas prudent… Ta matérielle, là…
— Ma quoi ?
— Ta fiancée. Tu n'as pas peur qu'elle comprenne ?
— Comprendre quoi ?
— Pff… Toi et tes compatriotes, vous aviez l'esprit plus rapide au Chemin des Dames… Tac tac tac… Qu'elle comprenne qui tu es !
— Pourquoi pas ?
— Pourquoi pas ? Et si elle nous donnait ? J'ai pas envie de finir devant un peloton d'exécution. Surtout pour des Schleus même pas spartakistes.
— Tu me fatigues *Froschfresser* ([9]). Dis-moi, à propos de Spartakistes, tu sais pourquoi vos Communards avaient démoli la colonne Vendôme en 1871 ? J'ai besoin de le savoir.
— Drôle de question, Prussien. Je ne sais plus trop mais je vais te trouver l'explication.

Le lendemain, Antoine les attend dans une des salles de l'Institut de Géographie, au 191 de la rue Saint-Jacques, à l'angle de la rue Pierre – et pas encore Marie – Curie. C'est un dimanche un peu

---

([9]) *Froschfresser* : bouffeur de grenouille, traduction allemande du sobriquet donné aux Français par les Anglais.

terne, un peu chaud sous un ciel gris-blanc. L'institut universitaire est vide. Achim et Maud marchent dans les couloirs de marbre à l'acoustique d'église. Arrivés dans l'auditoire, ils grimpent par un escalier en colimaçon jusqu'à un plancher qui surplombe la salle, comme un balcon au théâtre. En contre-bas, de grandes cartes sont jetées au sol, des planisphères quatre fois plus grands que ceux qui pendent aux murs des écoles. D'une verrière ouverte sur le printemps, tombe une lumière blanche sur ce damier. Antoine est debout sur la France au centre des cartes d'Allemagne, des Balkans, de Méditerranée, d'Afrique, du Pacifique, un puzzle mondial de cinquante mètres carrés. Il est en chemise blanche et pantalons de toile, pieds nus joints sur Paris. Il leur montre les nouvelles tranchées creusées en Europe par les 440 articles du traité allemand, bientôt par les 381 articles du traité autrichien, les 296 articles bulgares, les 364 articles hongrois et les 433 articles turcs. 1914 articles au total... ([10]). Cinq traités, cinq épicentres, cinq tremblements de terre nationalistes. Dans la lumière tombant du ciel, Antoine, bras en croix, lève la tête vers Achim et Maud et déclame des vers estropiés de Charles Péguy. Sa voix un peu démente résonne dans l'auditoire : « Voilà le nouveau monde ! Grâce à nos morts ! Heureux ceux qui sont morts dans une injuste guerre ! Heureux les grands vaincus ! Les rois désabusés ! Heureux ceux qui crevèrent pour ces terreaux de poussière. Paix sur la Guerre ! »

Antoine parle en marchant sur les cartes, sautant au-dessus des montagnes, évitant de marcher sur l'eau comme s'il allait se noyer dans ces mers de papier. Il marche comme un Dieu antique sur les rivages verts des continents. Il explique les frontières nouvelles apparues partout en Europe et en Asie. Les pieds sur l'Albanie promise aux Italiens, aux Grecs, aux Serbes et même aux Albanais, il explique la Yougoslavie, réunion de Croatie catholique, de Serbie

---

([10]) En ce compris les soixante-six articles identiques qui organisent la SDN et l'OIT ouvrant et fermant chacun des cinq traités.

orthodoxe, de Bosnie musulmane, de Slovénie et de Dalmatie, pourtant promise à l'Italie pour qu'elle entre en guerre. Un demi-million d'Italiens sont morts pour gagner quatre vallées dans les Alpes. Antoine récite à nouveau Péguy : « heureux ceux qui sont morts pour quatre coins de terre ! Qu'ils soient ensevelis dans un dernier silence ! » Puis il saute sur ce qui reste d'une Bulgarie amputée de Macédoine occidentale, de Thrace méridionale et du nord de la Dobroudja, données aux voisins vainqueurs. En trois pas, il est au sommet des Carpates. Il montre à ses spectateurs que la Roumanie a doublé de superficie, en se dilatant sur le Banat et la Transylvanie. Ses nouvelles frontières ont enfermé un million de Hongrois derrière elles. Antoine suit un pointillé sur la carte comme un funambule un fil : la voie ferrée des Carpates. Le Français bondit en Bessarabie devenue roumaine pour en faire un bastion contre la Russie rouge. On a paré cette géopolitique nouvelle des meilleures intentions : les paysans de Bessarabie ne savaient pas qu'ils étaient Roumains ; les négociateurs des traités disent qu'ils prendront conscience de leur identité quand ils seront instruits...

— Parce qu'il faut une identité, mes amis ! Si on n'a pas d'identité, on est un être inachevé ! Les frontières physiques doivent devenir mentales ! Il faut avoir les pieds sur une carte pour en avoir une en poche ! Les capitalistes de Paris donnent des ailes aux capitaux mais des racines aux hommes. L'identité... La grande arnaque de l'histoire continue !

Au balcon, Maud qui serre la taille d'Achim, lui dit tout bas :

— Il est fou ton ami. Viens, ne le laissons pas tout seul ! Enlève tes chaussures, beau Belge, moi aussi j'ai envie de marcher sur les cartes. Viens !

Achim et Maud dévalent l'escalier en colimaçon et rejoignent Antoine au milieu du damier géographique.

— Où est la Nouvelle-Calédonie, Antoine ?
— Au bout là-bas, à ta droite, Maud...
— J'y vais.

Maud marche d'un pas léger sur l'Afrique et l'Océan indien, saute au-dessus de la Nouvelle-Guinée et met le pied nu sur un point minuscule du Pacifique où on avait relégué sa mère autrefois, longtemps avant sa naissance. Achim rejoint Antoine passé en Turquie et en Syrie...

— Tu vois, Achim... Quand les cartes ne coïncident pas avec leurs ambitions économiques, ils ne changent pas d'ambitions... Ils bougent les frontières. Ils les font apparaître au milieu des plaines. Ils tracent des lignes droites à travers des immensités qui n'étaient que des transitions dans le même monde... Comme ici en Syrie.

Antoine parle depuis une plage de Méditerranée orientale. La Palestine, la terre promise, trop promise. Promise aux Juifs anglais et russes, aux Arabes du Hedjaz, de Transjordanie, de Syrie mais pas de Palestine... Les Anglais vont l'occuper pour garder un œil sur le Canal de Suez. En parlant des Anglais... Antoine fait deux pas vers l'est. Voilà Mossoul kurde, Bagdad sunnite et Bassora chiite, trois champs de pétrole devenus un pays, l'Irak, sous contrôle de la *British Petroleum*. Antoine et Achim reviennent en Europe en passant sur la Mer Caspienne. Ils remontent la plaine russe, marchent le long de la grande faille tectonique germano-slave. Voilà la Baltique où les Alliés ont voulu que la Lituanie catholique ait un débouché sur la mer car le libre-échange est le premier commandement wilsonien. En conséquence, le port de Memel, allemand et luthérien, est enlevé à la Prusse et donné à Vilnius. Antoine et Achim sont à Dantzig, ville allemande rattachée à la Pologne. Feuerberg marche sur la Vistule, sur son pays, la Mazurie, le district d'Allenstein, le village de sa mère, *Wildenau-Narzym* devenu polonais comme cinq cents kilomètres carrés autour de Soldau. La Pologne, dilatée aux quatre points cardinaux, compte à présent huit millions d'allogènes, Allemands, Ukrainiens, Tchèques. La Tchécoslovaquie voisine est tout aussi bigarrée. Mais l'Autriche, formellement interdite d'*Anschluss*, est réduite à sa seule identité germanique, confinée aux Alpes et à Vienne, capitale ex-impériale surpeuplée, sans débouchés danubiens, sans arrière-pays. L'Autriche est devenue une sous-préfecture macrocéphale. La Hongrie voisine a perdu la moitié de son territoire et de sa population. Antoine soupire…

— Le cœur multi-ethnique de l'Europe est brisé. Remplacé par des petites nations de petits bourgeois revanchards.

— C'est ce que voulaient les peuples, Antoine, non ?

— Les peuples… Pff. Ces nations lilliputiennes sont tout aussi porteuses de guerres que les Empires géants. Sauf si leur Société des Nations fonctionne mais je n'y crois pas. Tous ces traités, c'est la géographie qui se croit le remède de l'histoire. L'histoire se vengera, Achim. Elle se vengera ([11]).

Les deux hommes s'arrêtent. Ils ont l'air de réfléchir. Antoine finit par dire :

— Tu sais, je préfère les classes sociales aux peuples… C'est plus simple. Il y a moins de frontières. Et les classes, elles, elles se font la guerre pour de bonnes raisons.

Feuerberg en a marre de la leçon de marxisme appliqué. Et de traîner en Europe aussi… Il abandonne Antoine du côté du Nord de la France et descend en Afrique de l'Ouest en une quinzaine de pas. Son pied fait la taille du Togo et du Dahomey. Il regarde autour de lui. Maud est toujours sur le Pacifique, à déchiffrer le nom des îles. Achim sait que le drapeau allemand ne flottera plus jamais là-bas. Ni ailleurs. Les tours Bismarck se sont effondrées. Le monde est devenu *Deutschen frei*. Plus de Ruanda, plus de Chine, plus de Papouasie pour les jeunes Allemands. Le monde germanique reflue entre le Rhin et l'Elbe, dans les forêts des cauchemars identitaires. En perdant la guerre mondiale, l'Allemagne a perdu le monde. Elle est livrée à elle-

---

([11]) Les traités cristallisent en fait une opposition entre les états aux revendications territoriales plus ou moins satisfaites (Tchécoslovaquie, Pologne, Roumanie, Yougoslavie, France, Grande-Bretagne, Belgique) et des états qui se sentent dépouillés : les perdants (Allemagne, Hongrie, Autriche, Bulgarie) et les laissés-pour-compte (Russie et Italie.) Excepté le chassé-croisé roumano-bulgare, la ligne de partage de la guerre de 1939 est tracée en 1919.

même et il est des pays qui ne doivent jamais rester seuls. Et où est-ce qu'un Allemand pourrait foutre le camp à présent ? Fuir les patrons, les pasteurs, les amours foutues, les remords des morts, les politiciens pourris et le café recuit ? Un Allemand ne pourrait plus mais… un faux Belge accompagnée d'une vraie Française ? Maud arrive. Ils sont sur le Golfe de Guinée. Elle lui saute au cou dans un mouvement d'émotion et de décision qu'on a quand on aime, bien loin des tiédeurs de l'indécision. L'indécision a déserté aussi Achim. Il lui dit :

— Je me disais qu'ici au Togo… Ils vont sûrement avoir besoin d'un interprète français-allemand. Si on partait là-bas ? Tu voulais voir les tropiques, Maud. Après la signature du traité, mon travail sera fini. Viens avec moi.

— Parce que tu parles allemand, toi ?

— Plutôt bien, même…

— Le Togo, tu dis ? On dirait de l'anglais… *To go.*

— Tu viendrais avec moi ?

Elle sourit, ne répond pas. Ils rentrent en France en quelques pas, en se serrant par la taille, pieds nus sur les cartes du monde. Ils rejoignent un Antoine solitaire qui pense que ce doryphore d'Achim a décidément une chance folle. Le doryphore, un insecte qui mue dans un cocon…

Les trois jeunes gens se rassemblent juste au-dessus de la ligne du front. Ils marchent sur ce coin de la carte de France où sont les tombes. Celle de Günter Hesselbach suicidé à vingt-six ans, comme des milliers d'autres, celle de Charles Savignac mortellement blessé à Verdun, à trente ans, celle de Louis Jaurès, fils unique de Jean Jaurès, engagé volontaire, tué à l'ennemi sur le plateau de Chaudun. Il avait dix-sept ans. Ils marchent sur celle d'Eugène Varlin, le mari de Maud, dragon du 14e de ligne, tué le 16 août 1914, à vingt ans. Ils marchent sur la tombe de Charles Péguy, tombé un jour de septembre dans la Marne et sur celle d'Ernst Stadler, son traducteur allemand, tombé quelques kilomètres plus loin. Ils marchent sur la carte, sur Loos, près de Lens, un abattoir dans un brouillard de chlore qui engloutit cinquante mille jeunes Anglais en trois jours. Dont John Kipling, dix-sept ans, fils unique d'un écrivain qui lui composa cette épitaphe : *if any question why we died, tell them : because our fathers lied.* Si l'on demande pourquoi nous sommes morts : dites-leur que c'est parce que nos pères nous ont menti…

Dans cette salle de l'Institut de Géographie, rue Pierre Curie, trois jeunes gens de cette génération perdue, trois enfants du mensonge, se sont arrêtés au-dessus de la carte de France ; ils communient pour leurs morts qu'ils traînent derrière eux comme des boulets au bout d'une chaîne. Et pour tous les autres. Puis ils se prennent par les épaules, forment un cercle et commencent à rire. Ils sautillent sur place et tournent en riant. Leurs rires résonnent dans l'auditoire. La lumière de la verrière plonge sur le cercle. Les trois Dieux des cartes tournent comme des derviches lents, dans une ellipse de jeunesse éternelle, comme un cortège de Dionysos cosmique. Ils piétinent le planisphère, ils piétinent le sol et les millions de défunts en terre comme s'ils foulaient du raisin noir dans une cuve, comme si le sang allait ressortir en vin rouge du corps des morts. Un des trois Dieux l'a dit, lequel on ne sait pas, un des trois l'a dit et les autres ont repris en cœur en dansant : « on est vivants, on s'en fout des morts ! On s'en fout des morts ! On s'en fout des morts ! »

Chapitre XVI
L'interrogatoire

Paris. Ministère de la Guerre. Hôtel de Brienne.
2ᵉ Bureau SR-SCR. 24 avril 1921.

Hôtel de Brienne, entre la Seine et Sainte Clotilde, Rive gauche, à dix minutes du Quai d'Orsay pour un passant qui a le temps. Dans ce grand et beau bureau au premier étage du ministère de la Guerre, on voit frémir les peupliers du parc dans le soleil d'avril. Debout devant la fenêtre aux tentures dorées, le capitaine Marc Rosenfeld allume une cigarette anglaise et se dit que les services de renseignement français sont bien faits. Bien sûr, il a détesté la prolongation de sa mission allemande, dans une ville de Mayence devenue sans intérêt après le départ de Sybille Hesselbach. Ses supérieurs considérant le meurtre de Feuerberg comme une affaire criminelle de troisième ordre, Rosenfeld a reçu l'ordre de rester sur le Rhin, à appuyer le renseignement militaire. Trois mois. Trois mois à compter les forteresses démilitarisées, à vérifier les déclarations d'effectifs militaires allemands, à estimer les stocks de coke ramenés en France en application des articles sur les réparations allemandes. Trois mois... Il les aura vues passer les clauses du traité de Versailles. Il a enfin pu rentrer aux premiers jours du printemps 1921. Il a rejoint la ruche bourdonnante de la Sûreté nationale, chargée de la police criminelle, des renseignements et du contre-espionnage. En ce matin ensoleillé du 24 avril, il se dit que la Section de Centralisation des Renseignements (SCR) est une mécanique très efficace. Dès son retour, Rosenfeld a repris la piste Savignac. Il a lancé ce nom dans les réunions du 2ᵉ bureau, comme on jette des appâts à la pêche. Ça a mordu au bout de deux jours. Les collègues des Affaires coloniales et de la Surveillance des agitateurs lui ont fait parvenir des informations, un dossier, une photo. D'abord, c'est la déception : Rosenfeld ne convoquera jamais le vieux Gabriel Savignac, il est mort en hiver. Ensuite, c'est l'excitation : le dossier contient des informations sur le fils de Gabriel et une photo, une photo où figurent Antoine et surprise… Feuerberg et une jeune femme éblouie par le flash, Maud Varlin. C'est en 1919, au cours d'une mission de surveillance d'un genre de congrès africain au Grand Hôtel, qu'un collègue, déguisé en photographe de presse, a pris ce cliché. Ensuite : tirage argentique, registre du congrès, identification des participants, dossier, fichier et deux ans plus tard, le fil qui relie Joachim Feuerberg à Antoine Savignac se tend dans le labyrinthe du renseignement.

Rosenfeld souffle sa fumée de cigarette qui s'évanouit dans la lumière tombant de la haute fenêtre. Les services de renseignement français sont bien faits. Ce n'est pas les Brigades du Tigre, non. On ne court pas après les suspects dans des voitures à trente-cinq à l'heure. La plupart du temps, on fait du classement. Et on attend. On attend que les renseignements se recoupent et ils finissent toujours par se recouper. Marc se dit que le secret d'une enquête réside dans les archives. Un flic bordélique n'arrivera jamais à rien. Savignac fils est connu au 2ᵉ bureau : militant socialiste passé à l'Internationale communiste en 1920. Comme tant d'autres. Savignac était à ce fameux Congrès de la scission communiste, avec ce Nguyễn Ái Quốc, un activiste indochinois de l'Union inter-coloniale. Savignac était aussi en contact avec d'anciens tirailleurs algériens qui militent pour la politisation des émigrés en France. Un subversif, ce Savignac. Un bien mauvais Français. Au sortir de l'armée, il était pourtant passé par les coulisses du pouvoir, comme géographe affecté à la Conférence de paix. Rosenfeld l'a convoqué ce matin. Il se demande si cet ami de Moscou sera impressionné par les ors de la République, la grande cour de l'hôtel de Brienne, l'escalier monumental de marbre, les plafonds si hauts, les boiseries magnifiques et le parc aux grands arbres où Clémenceau se promenait quand il était ministre de la Guerre. On frappe à la porte. Antoine Savignac entre, accompagné d'un planton, fusil à l'épaule. Il n'a pas l'air impressionné du tout. Le soldat s'éclipse. Rosenfeld et Savignac s'asseyent sur les fauteuils empire, de part et d'autre du beau bureau marqueté.

— Vous êtes bien Antoine Savignac né le 25 novembre 1894, à Montpellier, géographe diplômé de Normale supérieure, ex-soldat de première classe au 146e d'infanterie, affecté au Comité d'Études de Martonne lors de la négociation des traités. Actuellement, vous êtes professeur d'histoire-géo au collège.

— Et militant communiste, Capitaine. Votre fiche n'est pas complète.

— À votre place, soldat, je ne préjugerais pas de la qualité de mes renseignements... J'aurais voulu interroger votre père mais j'ai appris sa mort en rentrant d'Allemagne... Embolie pulmonaire, n'est-ce pas ?

— Oui. Ou bien il est mort de chagrin.

— Ça arrive, en effet. Revenons à vous. Ce n'est pas courant un normalien communiste...

— Et après tout ce qu'ils ont fait subir à Dreyfus, un Juif aux renseignements militaires, c'est courant ?

— Moi, j'aime la France, soldat. Comme d'autres aiment la Russie bolchévique. Comme d'autres aiment l'Allemagne. À propos d'Allemagne, Antoine, regardez cette photo. Elle date de 1914. Vous reconnaissez le jeune homme en vareuse grise, à droite ?

— Brandbergen. Je l'ai croisé quelques fois en 1919. C'est un journaliste belge.

— Ni Belge ni journaliste. Et son véritable nom était Feuerberg, officier d'infanterie allemand, 2e armée, 13e division. Il avait fait la Marne, Verdun, Amiens... Sales coins, pas vrai ? En 1919, il était à Paris sous le nom de Brandbergen. Probablement pour espionner la

Conférence de paix. On l'a retrouvé poignardé rue de Fleurus, le vingt-huit juin 1919. Vous ne me semblez pas surpris...

— J'ai épuisé la surprise entre 1914 et 1918, Capitaine. Qui sont les autres sur la photo ?

— Günter et Sybille Hesselbach. Son meilleur ami et son ex-fiancée.

— Jolie fille... Décidément, il avait de la chance avec les femmes.

— Vous évoquez Maud Varlin, je suppose ? Vous l'avez donc fréquentée aussi ?

— Je l'ai croisée avec Brandbergen. Elle était drôle. Un charme fou. Ça m'aurait bien plu à moi, une femme comme ça, dans ma vie, après toute cette merde...

— Elle a disparu après la découverte du corps de son amant. Savez-vous où elle se trouve aujourd'hui ?

— Non.

— Revenons à Feuerberg. Rien ne vous a jamais fait douter de son identité ?

— Non.

— Vous ne saviez vraiment pas qui il était ?

— Non.

— Je crois que vous vous foutez de ma gueule.

— Je crois que je n'en ai rien à foutre de ce que vous croyez.

Marc Rosenfeld sourit comme un joueur qui savoure l'instant parce qu'il a des atouts dans son jeu et qu'il va les aligner sur la table, un par un. Il poursuit, maître de lui :

— Il ne s'agit pas de ce que je crois, soldat, mais de ce que je sais. En Allemagne, j'ai identifié le cohabitant parisien de Feuerberg. Bernhard Eberman, socialiste allemand et ami de votre père, Gabriel Savignac. Le voilà, le lien entre vous et Feuerberg. J'ai ici un autre cliché pris à un congrès au Grand-Hôtel en 1919. Jolie photo. On vous voit, vous, avec Feuerberg et Maud Varlin. Et en arrière-fond, on aperçoit même vos amis activistes algériens.

— Je me souviens de ce congrès. On était allés manger, gare de Lyon ensuite. Brandbergen, Maud et moi. Un bouge dans le quartier chinois. Mais qu'est-ce que cette photo vous apprend, Capitaine ? À part que j'ai croisé votre Schleu au Grand-Hôtel ?

— À propos de Schleu, j'imagine que le nom de Van Eber alias Eberman ne vous dit rien ?

— Non. Tant qu'on est à se poser des questions… Quand vous étiez dans l'Armée du Rhin en Allemagne, auriez-vous connu un auxiliaire médical nommé Louis Aragon ? Un camarade qui était au Chemin des Dames avec moi. Il vient d'écrire une sorte de roman policier. Comme vous.

Aragon… Ce nom résonne enfin dans la tête de Rosenfeld… Il revoit le visage de ce soldat de Sarrebrück, qui chantonnait tout le temps l'air *Ach du lieber Augustin* sur la *Sofien-Straße*. L'image de l'inaccessible Sybille traverse son esprit, il ne sait pas pourquoi. Mais le capitaine ne se laisse pas aller à la rêverie et regarde Antoine droit dans les yeux.

— Je continue mon roman puisque vous aimez ça. Vous dites ne pas connaître Eberman ? Votre père le connaissait. Et il l'a vu à Paris. Le nom de Savignac figure dans le registre de l'hôtel, rue de Fleurus. En 1919, le commissaire du Sixième arrondissement avait interrogé votre père. Sans trop insister. Ne connaissant pas l'identité réelle de Van Eber, il n'a pas vu le fil rouge. Mais moi, oui. Je crois que votre père a voulu renseigner Eberman et ses copains d'Outre-Rhin sur le traité de Versailles. Probablement par internationalisme, par pacifisme, que sais-je ? C'est là que vous apparaissez dans mon roman, Antoine : vous l'avez aidé. En pure perte mais qu'importe. C'est de la trahison. Parce que le Comité d'Études où vous étiez en exercice dépendait du Service Géographique de l'Armée. Activités confidentielles même pour nos alliés. Si je parviens à prouver que vous avez transmis des informations à Feuerberg et Eberman, c'est la peine capitale…

— Et pour corroborer tout cela, vous avez quoi ? Une photo au Grand Hôtel ? Haha ha... Mais il est aussi vide que le dossier de Mata Hari, votre roman.

— Un dossier vide n'a pas épargné le peloton d'exécution à cette cocotte. Et c'est plutôt la guillotine que vous risquez. Pour avoir supprimé un témoin. Car vous l'avez supprimé, ce Feuerberg, pour qu'il la ferme. Quand les délégués allemands ont signé le traité, il est sûrement devenu dingue et il a fallu l'éliminer. Peut-être avec la complicité de Maud Varlin... Ou alors, c'est vous qui avez pété un plomb ? Vous l'avez buté parce que c'est ce qu'on nous a fait faire pendant quatre ans et vous n'avez pas pu vous arrêter. Vous voyez, Antoine. Je suis Juif, Français et flic. Je n'exclus jamais rien.

Rosenfeld a déroulé son récit terrible avec une voix presque douce, un ton obligeant. Savignac hausse les épaules, ricane et laisse calmement tomber ces mots :

— N'importe quoi. Je préfère Aragon. Et comme nous sommes seuls dans ce bureau et que personne ne consigne mon interrogatoire sur une machine à écrire, j'en déduis que votre enquête n'est qu'un tissu d'hypothèses... Vous n'avez aucune preuve.

Rosenfeld est furieux que ses atouts n'aient fait aucun effet. Il cède à une colère soudaine ; il tape du poing sur le bureau marqueté et pousse une bonne gueulante de flic dans ce décor de luxe. Dans sa colère soudaine, il se met à tutoyer son témoin.

— Mais tu crois quoi ? Qu'on va prendre des gants avec un petit agitateur communiste comme toi ? Tu vas passer trois jours au trou et on se reverra dans un petit commissariat miteux. Tu te mettras à table. En 1919, on était théoriquement toujours en guerre. Fréquenter Feuerberg, c'était de la haute trahison ! Quant à ton amie Maud... J'obtiendrai un mandat d'arrêt. Finies les postes restantes et c'est menottes aux poings qu'elle fera sa déposition !

Quand le ton de Rosenfeld est monté, Savignac a rentré la tête dans les épaules. Réflexe de soldat des tranchées. Quand ça fait du bruit, ça sent la mort. On attend que ça passe parce qu'il n'y a rien à faire d'autre qu'à espérer que ça tombe à côté. Maintenant que le capitaine s'est tu, Savignac se relaxe. L'orage est passé. Rosenfeld a l'air désolé d'avoir crié. Il regarde, par la fenêtre, les jeunes feuilles des arbres danser dans le soleil d'avril et faire comme une dentelle de lumière. Antoine dit alors calmement à Marc, d'une voix coopérante, le genre de voix qui cherche à conclure un accord…

— Pas la peine de crier ni de m'envoyer au trou… Pas la peine de traquer Maud. Une cigarette et un verre suffiront. Il y a sûrement de quoi boire dans ton bureau luxueux, non ?

Exact. Rosenfeld, subitement calmé, s'exécute. Histoire de voir son témoin abattre son jeu, il sert du rhum dans des verres de cristal épais. Puis ils grillent des anglaises, des *imperial blend*. L'ambiance change. Les fumées bleues montent au plafond. Les voix se font plus graves.

— Capitaine. Je te propose de laisser mon père où il est. Avec son chagrin éternel. L'homme que j'ai connu, journaliste belge ou espion allemand, qu'importe, il n'en avait rien à foutre du traité de Versailles. Rien. Tu te trompes. Il en était revenu vivant, comme toi, comme moi. La suite ne l'intéressait plus. Tu sais ce qui se passe quand on en revient. Tu sais ce qu'on a dans la tête quand on est surnuméraire. La culpabilité… Maintenant il est mort aussi. Il n'est plus coupable de rien. C'est juste un mort de plus. Dix millions plus un. Ça ne fait pas une grande différence.

Antoine s'arrête pour poser son verre vide sur le bureau…

— Et tant pis pour nos morts, Rosenfeld. Nos morts, on les emmerde. Ils prennent trop de place… C'est bon pour ceux qui pleurent dans les cimetières, ceux qui se laissent mourir, pour les couillons qui épousent les veuves de leurs amis morts pour la France…

— On dirait que t'as pardonné aux Allemands, soldat… Quelle belle fraternité…

— Fraternité ?

Le mot inattendu surprend Savignac qui rebondit vite :

— Je ne crois pas aux histoires de fraternité, aux matchs de football dans le *no man's land,* aux honneurs rendus, aux fraternisations. Le onze novembre, j'ai vu des pauvres types danser avec ceux qui leur balançaient des shrapnels la veille. Des conneries, tout ça. Mon père croyait à la fraternité. Pas moi. Je crois à la lutte. Contre les classes dominantes des deux côtés, contre ceux qui sont coupables de tout ça. Mais pas contre les cocus des tranchées d'en face. Eux, c'est pas mes frères mais on s'est assez expliqués quatre ans durant. Je n'ai rien à leur pardonner. Ils ont été piégés comme nous. J'avais rien à venger avec Achim. Mais ceux qui l'ont tué, eux… oui.

Rosenfeld se fige. La cendre refroidie de la cigarette qu'il a au bec tombe sur son uniforme. Il va savoir. Peut-être. Il réfléchit vite. Rosenfeld se rend compte que Savignac s'est mis à table dès qu'il a parlé d'un mandat d'arrêt à l'encontre de Maud Varlin. Maud va revenir dans le jeu. Rosenfeld en est sûr ; il est comme un chien de chasse à l'arrêt, pour un peu, il lèverait la patte avant. Il se tait, il ne veut pas risquer de briser le fil de la confidence. Il espérait des aveux. Il va avoir une révélation.

— Je te propose un marché, Capitaine. Tu oublies ton roman d'espionnage. Tu oublies le mandat d'arrêt. Et je te fais rencontrer Maud. Je sais où la trouver. Elle te racontera ce qui s'est passé. Elle a été témoin du meurtre. Mais elle ne viendra pas ici. Pas au ministère de la Guerre et encore moins dans un commissariat. Je vais la contacter et arranger une rencontre. Dans un endroit discret. Tu viendras seul. En civil. Sans ton bel uniforme.

— Qu'est-ce qui te fait croire que je vais accepter ?

— Tu n'as pas le choix. J'ai fait 14-18. Tes trois jours de cachot ne vont pas m'attendrir. Je ne dirai jamais rien d'autre que ce que je t'ai dit aujourd'hui. Tu vas te ridiculiser devant un tribunal avec tes théories. On n'est plus en 1919.

— Ça, c'est ce que tu crois. Mais admettons. Donc tu es resté en contact avec Maud Varlin. Alors, dis-moi ce qu'il se passera quand je l'aurai rencontrée ?

— Ton mystère sera élucidé et tu pourras boucler ton roman. Tu la laisseras repartir libre et tu me foutras la paix.

— Ça… On verra.

Rosenfeld se lève et va à la fenêtre. Savignac se ressert un verre de rhum. Rosenfeld se retourne. Dans le contre-jour aveuglant, il a l'air en noir et blanc. Il dit :

— Donc Maud a une histoire à me raconter ?

Chapitre XVII
La délégation

France, Gare de Vaucresson.
29 avril 1919, vers minuit.

Achim a quitté la chaleur du lit de Maud, à Belleville. Il a pris un taxi en pleine nuit, destination la gare de Vaucresson, près de Versailles. Il y a beaucoup de monde, cette nuit-là, devant cette petite gare rurale comme il en existe tant. Des militaires, des gendarmes, des employés des chemins de fer, des journalistes attendent dans la lumière des phares. La délégation allemande vient d'arriver par un train de nuit. Les autorités françaises ont préféré la faire descendre dans ce petit endroit perdu, par sécurité. Le chef de délégation sort de la gare et s'immobilise dans la lumière des projecteurs : comte Ulrich Brockdorff-Rantzau, ministre des Affaires étrangères, si élégant dans son long manteau gris avec son chapeau à large bandeau de soie. Il toise les gendarmes. En 1917, cet aristocrate à profil d'oiseau, avait eu deux idées : envoyer Lénine dans les pattes des Russes pour mettre fin à la guerre à l'est et proposer une paix blanche à l'ouest (pas de vainqueur et tout le monde chez soi). Internationaliste, grand seigneur, moustache à l'américaine, cigarette au bec, Brockdorff se paye le luxe d'aimer le socialisme, l'Allemagne, les garçons et l'opium. Derrière lui, une soixantaine de diplomates et d'experts sortent peu à peu de la gare. Ils plissent les yeux dans la lumière blanche. Il y a là Walther Schücking, professeur de droit international, Max Weber, sociologue des religions et du capitalisme, Hans Delbrück, historien démographe et défenseur des droits des minorités, Mendelssohn Bartholdy, juriste anglophile, le général von

Montgelas, spécialiste de la *Kriegsschuldfrage*, éminente science de la responsabilité du déclenchement des guerres (la langue allemande est capable de définir une telle science en un seul mot). Il y a aussi le juriste Walter Simons, Max Warburg et le jeune Carl Melchior, puissants banquiers à Hambourg ([12]). Debout sur le marchepied de son taxi, Feuerberg regarde de loin ces hommes qu'il informe vaille que vaille depuis trois mois. Dans cette petite gare française, c'est toute une élite allemande en longs manteaux, cannes et chapeaux melon qui a débarqué. C'est la fine fleur de l'Allemagne catho-centriste, judéo-allemande, luthérienne-libérale, social-démocrate, diplômée, brillante, nobélisable, modérée, mondaine, distinguée et pas prussienne pour un mark. « Tu les vois, Günter, les nouveaux chefs ? » demande Feuerberg à son fantôme intérieur.

Ces nouveaux maîtres de l'Allemagne seront reçus comme des pestiférés. Clémenceau avait déjà ordonné que leur train ralentisse à vingt à l'heure en traversant la zone des combats. Le Tigre avait dit : « que ces salopards voient les cimetières, les villages brûlés, la terre lunaire. Que ces doryphores voient leurs ravages. » Certains délégués allemands sont bouleversés comme Walter Simons qui pleure toujours en sortant de la petite gare blanche. Pour accueillir les Allemands, il n'y a que les flashs des photographes de presse et les phares aveuglants des auto-blindées. Aucun officiel, aucun discours. Un commissaire de police, le préfet de Seine-et-Oise et un colonel leur donnent les consignes de sécurité. Puis les délégués embarquent dans les autobus et les voitures fermées. Ils sont si nombreux ; ils sont arrivés avec des secrétaires, des dactylographes, des cartographes, des lithographes et des imprimeurs chargés de confectionner leurs notes dans un train-imprimerie. Des soldats anonymes conduisent cette délégation pléthorique aux hôtels de Versailles. Feuerberg voit s'éloigner les véhicules où on a entassé ses compatriotes. Il ne s'est

---

([12]) Ces hommes sont connus pour leur distance critique voir leur opposition à l'ex-État impérial allemand, même si certains y sont venus sur le tard comme Max Weber dont on s'est empressé d'oublier ses appels à la guerre darwinienne de 1916.

pas fait discrètement reconnaître. Il n'a même pas songé à attirer leurs regards. Il remonte dans son taxi et repart à Paris, se disant que tout est presque fini, qu'il aura bientôt ses billets pour l'Afrique, une femme, de l'argent et peut-être un avenir.

Les délégués allemands sont installés à l'hôtel des Réservoirs, à l'hôtel de Suisse et à l'hôtel Vatel qu'on a entourés de palissades gardées par l'armée française. Leurs bureaux sont installés aux sous-sols. Comme les murs sont truffés de micros, la délégation travaille au son d'un phonographe qui joue du Wagner à crever les tympans des services d'écoute alliés. Les délégués attendent des jours et des jours dans le froid parce qu'on leur a coupé le chauffage. Des centaines de Français, curieux, moqueurs, affamés s'agglutinent devant les hôtels. À chacune de leur sortie dans le parc, les Allemands passent devant une foule haineuse, dans un silence de mort. Brockdorff s'isole dans sa chambre, perdu dans des rêves de cognac et d'opium. Les Allemands attendent jusqu'au mercredi sept mai. Après onze jours de silence total, ils sont convoqués au Trianon Palace de Versailles. Les représentants des trente-deux gouvernements alliés sont là, même les Italiens revenus pour l'occasion. Même les Chinois. Même le Maréchal Foch. Les six principaux représentants allemands sont installés, seuls à une table, d'un côté de la salle de réception. Les délégations de la Conférence interalliée occupent les autres côtés. Derrière les portes vitrées des salons voisins, des officiers alliés assistent au spectacle. Ils se sont hissés sur les fauteuils verts et les guéridons pour mieux voir. Un civil en costume kaki, qui ressemble à Drieu La Rochelle, reste assis, méditatif… Dans la grande salle, sur le côté opposé à la table allemande, on a dressé une estrade où siègent les chefs d'État Clémenceau, Wilson et Lyold Georges. Le Français, ganté de gris, se lève et dramatise d'une voix sèche…

— Messieurs, l'heure de notre lourd règlement de comptes a sonné. Vous nous avez demandé la paix ; nous sommes enclins à vous la donner.

Clémenceau marque une pause, le temps que les interprètes traduisent en allemand et en anglais puis reprend d'une voix sèche :

— Ce volume, que va vous remettre le secrétaire de la Conférence, vous dira les conditions de paix que nous avons déterminées... Pour étudier ce texte, toutes les facilités vous seront accordées, avec la courtoisie en usage... chez nous... les peuples civilisés.

Clémenceau se rassied. Après la traduction par les interprètes, Messieurs Mantoux et Laperche, le ministre Brockdorff regarde le traité qu'on a posé devant lui, un volume in-quarto de quatre cents pages dans une reliure blanche qui porte un double titre en lettres d'or : *Conditions de paix. Conditions of peace.* Brockdorff, muscles contractés, a gardé les mains gantées de noir. Il reste assis, contrairement aux usages, et déclare en allemand, d'une voix étouffée :

— Messieurs, la force de nos armes est brisée. Nous ne nous faisons pas d'illusions sur l'étendue de notre défaite. Nous ressentons l'ampleur de la haine qui vous anime. Votre traité nous demande de reconnaître que l'Allemagne est, à elle seule, responsable de la guerre. Un tel aveu serait un mensonge. Dans les cinquante dernières années, l'impérialisme de tous les États européens a empoisonné la situation internationale et nous a menés à la guerre. Dans la manière de faire la guerre, l'Allemagne n'est pas seule à avoir commis des fautes. Chaque nation en a commises. Aujourd'hui, le maintien du blocus sème encore la mort dans la population allemande. Vous nous demandez de faire amende honorable ? Nous sommes prêts. Nous ne sommes pas venus ici pour atténuer la responsabilité des Allemands qui ont conduit la guerre ni pour nier les crimes commis...

— Mais qu'est-ce qu'il raconte ? Plus fort ! Qu'il parle plus fort !

Voilà ce que Clémenceau, les yeux furieux, dit très haut à son interprète. Il parle si fort que Brockdorff et toute la salle l'entendent. Alors l'Allemand, qui parle parfaitement français, s'éclaircit la voix d'une gorgée d'eau et reprend lentement en regardant, l'un après l'autre, Clémenceau, Wilson et Llyod Georges :

— Vous oubliez, Messieurs, que c'est nous qui avons demandé l'armistice. Nous l'avons demandé sur base des principes énoncés par le Président Wilson. Or, ce traité… n'est pas conforme à ces principes ! Dicté par les Français, c'est un monument de peur et de haine pathologique. Dicté par les Anglo-Saxons, c'est l'œuvre d'une politique capitaliste brutale et sournoise ! La paix, vous ne pouvez l'accomplir sans nous, pas plus que nous sans vous. Les experts, des deux côtés, doivent examiner de quelle manière le peuple allemand pourra remplir son devoir de réparation, sans y succomber. Sinon l'effondrement du peuple allemand amènera la dévastation inguérissable de l'Europe. C'est un danger incalculable ! Le seul moyen de l'éviter est la solidarité des peuples réunis dans une libre Société des Nations. Cette pensée sublime, qui est née du plus grand malheur de l'histoire, doit réussir. Pour que les morts de cette guerre ne soient pas morts pour rien.

Brockdorff, habillé intégralement en noir, a parlé en martelant ses phrases de coups de pointe de canne, frappés sur le sol. À mesure de son intervention, son visage s'est crispé et sa voix s'est élevée vers la colère. À mesure de la traduction simultanée, la stupéfaction grandit dans les rangs alliés. Tant d'arrogance… Clémenceau, froidement, répond directement au ministre allemand. Il sait qu'il comprend le français :

— Ça suffit. Taisez-vous. Vous avez quinze jours pour présenter vos objections. Par écrit.

Revenu à hôtel des Réservoirs, Brockdorff fait éclater sa colère. Il effeuille le traité comme une marguerite mortuaire. Il crie à ses compatriotes de la délégation :

— C'est l'arrêt de mort de l'Allemagne ! De l'esclavage ! Un diktat ! L'Allemagne est amputée. Elle perd huit-cent-mille kilomètres carrés, huit millions d'habitants. Tous ses brevets. Son armée ! Elle devient un paria international. C'est une agression inimaginable.

Brockdorff télégraphie ces mots-là à Berlin. En Allemagne, la presse et le gouvernement se déchaînent ; ils traitent Wilson de menteur, de faux monnayeur, d'hypocrite, de traître à la paix. Les Allemands commettent une erreur psychologique majeure ; en maudissant Wilson, narcissique comme tout prédicateur, ils s'aliènent le dirigeant allié le plus modéré à leur égard. Brockdorff, dans ses déclarations maladroites, justifie la détestation d'une Allemagne paranoïaque et oublieuse qu'elle est aussi capitaliste que les autres. Le délégué britannique Nicholson dira : « j'admire la culture magistrale et le génie pratique des Allemands mais je hais leur absence totale de sens politique. »

Une période de six semaines s'ouvre. La délégation allemande envoie ses contrepropositions le 29 mai. Les Allemands proposent aux Alliés de leur payer vingt milliards en 1919 et quatre-vingts milliards par annuité. Ils demandent un référendum populaire d'autodétermination en Sarre, au Schleswig, en Mazurie, à Dantzig, en Autriche, en Alsace, à Eupen, en Silésie, en Poméranie. Ils souhaitent le retour des colonies à l'Allemagne. Ils proposent que les chantiers navals allemands construisent de centaines de nouveaux bateaux en réparation des tonnages coulés dans l'Atlantique. Ils proposent que les entreprises allemandes se chargent de la reconstruction du Nord de la France et de la Belgique. Ils acceptent la démilitarisation mais dans le cadre d'un désarmement unilatéral. Ces contrepropositions sont assorties d'un mémoire sur le déclenchement de la guerre, rédigé par Max Weber. Le sociologue rejette la responsabilité du conflit sur la Russie tsariste, ce qui est très pratique vu que le régime n'est plus, que le Tsar est mort et que les Russes sont absents de la conférence.

Les Allemands vont exaspérer les Alliés avec leurs propositions jugées aussi scandaleuses que leur théorie d'attaque préventive en légitime défense. Les négociations seront inexistantes. Brockdorff et sa délégation attendront en vain, isolés, laissés seuls au monde par un gouvernement allemand tétanisé et des Alliés qui refusent tout contact. Seul le jeune banquier allemand, Carl Melchior, rencontrera parfois l'expert britannique Keynes pour des discussions sur les conditions financières. Et peut-être un peu plus car il se murmure que ces deux hommes qui aiment les hommes, ont d'autres affinités. Les autres délégués allemands se promèneront, désœuvrés, dans les allées du parc de Versailles, entre les cyprès et les sycomores, sous le regard morne des sentinelles alliées. Ils sont totalement coupés du monde. Walter Simons écrira à sa femme : « je ne fais que me promener dans le parc depuis des jours ; j'ai bon espoir de conclure un accord international avec les moineaux... »

À Paris, les choses s'accélèrent. Les trois Grands veulent en finir. Ils confèrent sept jours sur sept. Le vendredi treize juin, ils arrivent à un accord : une Commission des réparations fixera plus tard le montant des réparations ([13]). Suite à un plaidoyer de l'imprévisible Lloyd Georges, la seule modification concédée aux Allemands sera une consultation populaire organisée en Silésie. Le seize juin, le texte du traité est remis à la délégation allemande, assorti d'un ultimatum : cinq jours pour signer. Au-delà de ce délai, les armées de l'Entente envahiront l'Allemagne. La délégation proteste. Elle est convoquée dans la salle des banquets de l'Hôtel des Réservoirs où les attendent trois officiers alliés. Ils ont gardé képis et casquettes sur la tête, comme à la guerre. Les Allemands restent debout devant les officiers assis. La voix du colonel français résonne. Il lit ou plutôt il crie la réponse rédigée par Clémenceau au nom de la Conférence :

— Messieurs, nous avons reçu vos mémorandums. Voilà notre réponse. Ce sont les Allemands qui ont utilisé, les premiers, les gaz chimiques. Ce sont les Allemands qui ont bombardé, par les airs, des villes entières, et ce, en dehors de toute nécessité militaire. Ce sont les Allemands qui ont commencé la guerre sous-marine. Ce sont les Allemands qui se sont rendus coupables d'actes de barbarie envers les

---

[13] Sur proposition belge, la Commission fixa la somme à 132 milliards de marks-or (1420 milliards d'euros). Contrairement à ce qu'en dira la propagande nazie, l'Allemagne n'en paiera que 20 (215 milliards d'euros).

prisonniers. L'attitude de l'Allemagne est sans précédent dans l'histoire. Des millions de morts et de blessés, à travers l'Europe, témoignent que, dans cette guerre, les Allemands ont voulu satisfaire leur passion de la tyrannie. Les Alliés, à l'unanimité, somment la délégation allemande de signer ce traité. De le signer sans restriction. À défaut, l'armistice prendra fin, ce 23 juin 1919 et à minuit, nous serons à nouveau en guerre.

Les délégués allemands ont compris, rien qu'au ton de l'officier. Ils reculent, accablés et déconfits. Walter Simons, le commissaire général de la délégation, est effondré. Dans le hall de l'hôtel, Simons rencontre un envoyé du journal gantois, *Vooruit*, qu'on dit venu pour une interview… Walter Simons reconnaît Bernhard Eberman, son compatriote anonyme, celui qui informe le gouvernement allemand depuis des mois. Ils sortent dans le parc, s'asseyent sur un banc… Simons résume l'ultimatum posé par les Alliés et conclut :

— Ce traité est impossible à signer, Eberman…

— Bien sûr que si, Simons. Il faut signer.

— Signer ? Mais vous êtes fou ?

Non, Eberman n'est pas fou. Face au défi colossal qui se dresse devant la jeune République allemande, il réfléchit à une vitesse folle comme s'il synthétisait en quelques minutes des raisonnements qui mûrissent dans sa tête depuis des mois et arrivent à maturité en même temps.

— Simons, s'ils nous envahissent, nous ne pourrons pas tenir avec une extrême-gauche dans le dos et une extrême-droite tapie dans l'ombre. Nous ne pourrons pas. Nous n'allons pas infliger au peuple allemand une nouvelle guerre suivie d'une guerre civile. Non ! Il faut signer !

— Signer un traité qui nous asservit ? Un traité qui nous rend coupables pour l'éternité ? Un traité qui arrache plus de huit millions d'Allemands à leur patrie ? Qui exige de nous des réparations dont nous ne connaissons pas le montant ? Jamais !

— Ne criez pas. Vous allez attirer l'attention des sentinelles. Ne soyez pas aussi buté que ce morphinomane de Brockdorff. Signez, je vous dis. S'ils nous rendent uniques responsables de la guerre, c'est parce qu'ils ont besoin d'un fondement juridique pour nous faire payer. Rien de plus. Il n'y a pas de morale là-dessous. Il n'y a pas de morale en politique. Souvenez-vous du traité impitoyable que nous avons infligé aux Russes à Brest-Litovsk en 1918… Nous aussi, nous étions des prédateurs. Il faut signer…

— Hors de question ! À Berlin, jamais personne n'endossera la responsabilité de cette infamie.

— Il ne reste que quelques jours avant qu'ils ne se ruent sur l'Allemagne. Il faut signer.

— Le Japon nous met en garde contre cette signature.

— Le Japon est aussi vorace que les autres. Il faut signer. Nous viendrons à bout des conséquences de ce traité. Nous ne sommes pas n'importe quel peuple, nous sommes l'Allemagne.

— Et l'argent qu'ils vont nous réclamer ? Ce traité va ruiner l'Allemagne !

— Nous sommes déjà ruinés. C'est cette guerre que nous avons livrée au monde, qui nous a ruinés.

— Vous ne vous rendez pas compte, Bernhard. Notre monnaie forte est foutue… Pour faire face à leurs exigences, nous devrons dévaluer le Mark dans des proportions inouïes !

— Nous dévaluons déjà depuis 1916. À cause de la guerre. Ce n'est pas nouveau. Nous dévaluerons pour réduire la dette. Et puisqu'ils n'ont pas voulu négocier maintenant, ils vont négocier avec nous des années. Nous emprunterons aux USA tant d'argent que c'est avec eux qu'on traitera. Déjà, Wall Street se frotte les mains et la City se rend compte de la folie des Européens.

— Mais les Français ? Ils vont gouverner nos industries de la Sarre !

— D'ici quelques années, la Sarre plébiscitera l'Allemagne.

— Admettons. Mais nous serons des parias, exclus des relations internationales, sans armée pour nous défendre.

— Ils nous empêchent d'avoir une armée nationale. Et après ? Nous allons développer une armée de métier. Ils nous excluent de leur Société des Nations, nous et les Russes ? Nous ferons un pacte avec les Russes. Et ce sera contre eux. Si les USA ne ratifient pas le traité, la France et l'Angleterre seront seules. Bien plus seules qu'en 1914 parce que ces donneuses de leçons ne s'allieront jamais avec les Soviets. Nous, oui.

— Et nos colonies ?

— Ils les perdront un jour. Dans mon immeuble, j'ai vu des Noirs qui leur reprendront l'Afrique à coups de fusil. Ils ont refusé aux Autrichiens, aux Irlandais, aux Arabes, aux Kurdes et même aux Chinois cette souveraineté qu'ils donnent aux Polonais, aux Tchèques et aux Baltes… Ils le paieront par l'instabilité du monde. Tant pis pour eux.

— Ces mois de solitude à Paris vous ont rendu fou. Vous ne savez plus ce que vous dites !

C'est à ce moment que cet Eberman visionnaire se décompose. Il semble ravagé par toute la frustration accumulée depuis des mois, tout le ressentiment, toute la solitude. Il se met à baver de haine.

— Clémenceau, ce national chauvin, ce Père-la-Victoire totale. Et Lloyd Georges, ce prétendu fils de la classe ouvrière, ce menteur, ce boursicoteur. Et ce Wilson, ce Père-la-Morale, cet hypocrite qui refuse d'annuler un seul dollar de dette. Salauds ! Salauds !

— Bernhard, vous êtes dans un tel état d'épuisement… Rentrez à Paris. Je ferai accélérer votre retour en Allemagne. Je crois qu'il n'y a plus rien à faire ici…

Le lendemain, toute la délégation allemande rentre à Berlin. Sur le chemin de la gare de Noisy-le-Roi, les diplomates sont hués par la foule qui leur jette des pierres et des bouteilles vides. Les soixante-quatorze membres de la délégation s'en vont sous les quolibets, les projectiles, les insultes. Les veuves hurlent. Les orphelins jettent des pierres. Une secrétaire allemande, Madame Dornbluth, est sévèrement blessée à la tête. Une autre a la joue déchirée. Carl Melchior, le jeune banquier de Hambourg qui négocie avec Keynes, est blessé à la nuque par une brique. Quand le train quitte la gare, les Allemands entendent encore les cailloux ricocher sur le convoi.

Rentré en Allemagne, le ministre Brockdorff exhorte ses collègues à ne pas signer puis il démissionne à la stupeur des autres membres du gouvernement. Les articles du traité s'étalent dans la presse de Moscou à New York. La réception des textes est catastrophique chez les vainqueurs déçus et les vaincus amers. À Berlin, la foule brûle des drapeaux français dans les rues. Des troubles meurtriers éclatent à Vienne. L'Assemblée autrichienne déclare les clauses inacceptables. À Pékin, des milliers d'étudiants protestent sur la place Tien An Men contre un accord qui aliène la Chine. Avec eux, un jeune assistant-bibliothécaire de l'Université de Pékin payé pour balayer la salle de lecture : Mao Tsé Toung. Le Parti communiste chinois naîtra de cette contestation étudiante. En Italie, le gouvernement Orlando tombe. Un nommé Mussolini harangue les foules à Milan ; les militants de son parti, les chemises noires, tabassent les partisans du traité dans les rues. C'est la toute première fois que le monde entend parler des fascistes. Les murs de Rome se couvrent d'affiches qui insultent Wilson. À Fiume, les soldats français et serbes sont caillassés. À Split, des rixes éclatent entre Italiens et Croates.

À Paris, William Bullit, proche conseiller du président américain, démissionne. Dix ans plus tard, il coécrira avec Sigmund Freud une psychanalyse de Wilson si violente qu'elle sera interdite de publication pendant trente ans ([14]). Keynes démissionne aussi. Dans un livre imprimé à cent mille exemplaires (*The Economic Consequences of the Peace*) sorti en décembre, il dénonce une paix carthaginoise, un traité incapable de relancer l'économie, de renouer

---

([14]) Les mots les plus tendres de Freud pour décrire Wilson étaient : menteur, instable, dévot, exalté, névrosé, perdu sur une terre psychique où les faits et les désirs se confondent.

avec la Russie, de créer des solidarités entre Alliés, de restaurer leurs finances détruites et d'ajuster les systèmes monétaires. Lloyd Georges prend peur ; il veut soudain une paix plus douce mais un axe se forme : Wilson et Clémenceau veulent en finir. Les Trois deviennent Deux. Et ces deux-là font savoir au monde qu'ils n'accorderont aucune prolongation du délai. *Tictac*.

Le gouvernement allemand tombe. Le numéro deux de l'état-major, le général Groener, envisage de s'allier aux Bolchéviques pour résister à une attaque alliée. Les marins allemands, prisonniers dans les eaux écossaises de Scapa Flow, se mutinent et envoient leurs propres navires par le fond pour qu'ils ne tombent pas aux mains des Anglais. *Tictac*. Lundi 23 juin, le socialiste Gustav Bauer arrive à reconstituer un gouvernement à Berlin. Dans la nuit, Bauer se résigne à signer le traité à condition qu'il ne proclame pas la responsabilité de l'Allemagne dans le déclenchement de la guerre. C'est non. Clémenceau et Wilson somment Bauer de signer sans conditions. Le Général Groener fait savoir à Bauer que l'armée allemande sera incapable de soutenir le choc d'une attaque. Il reste quatre heures avant que Français, Belges, Serbes, Tchèques, Polonais, Américains et Britanniques se ruent sur l'Allemagne. Le mercredi 25, l'Assemblée nationale allemande, réunie au Théâtre national de Weimar, vote à main levée la signature du traité de paix : 237 voix pour, 138 contre et seulement 5 abstentions, celles des députés des territoires déjà perdus.

Le monde respire. Et il n'attend même pas la signature des traités. Deux cent mille Slaves quittent l'Autriche pour les pays voisins tout neufs. À l'ouest, deux cent mille Allemands, catholiques, fuient Strasbourg, Eupen, Sarrebrück. À l'est, un million et demi d'Allemands, protestants et juifs, rejoignent l'Allemagne de Weimar, quittant la Posnanie, la Prusse orientale, la Silésie, les Sudètes, Danzig, Memel, le Schleswig et les pays baltes. Une montée d'antisémitisme flambe en Allemagne alors même que les Juifs demeurent parmi les Allemands les plus patriotes.

En Turquie, l'armée grecque débarque à Smyrne et l'armée italienne à Antalya. Le pouvoir du Sultan s'effondre ; Mustafa Kemal lance la guerre d'indépendance pendant qu'un demi-million de Turcs chassés de Roumanie, de Bulgarie et de Grèce, se réfugient à Istanbul. Deux ans plus tard, un million de Grecs feront le chemin en sens inverse suivant le chemin d'exil des survivants arméniens. Anticipant leurs nouveaux droits dans les Carpates, les Roumains envahissent la Hongrie, jusqu'à Budapest, mettant fin à l'expérience communiste de Bela Kun. Des centaines de milliers de Hongrois quittent la Transylvanie, la Voïvodine, la Ruthénie, la Slovaquie. Les Polonais interviennent en Lituanie, en Galicie, en Ukraine. Un an plus tard, un million de civils polonais reflueront dans l'autre sens, poussés par l'Armée Rouge. L'Europe ressemble à une mer aux marées humaines contraires et furieuses.

En Arabie, Ibn Sa'ud estime les Arabes trahis et lance le Djihad contre Hussein, Cherif de la Mecque, et contre son fils Fayçal, allié des Anglais. Les Saoudiens vont conquérir tout le pays en quelques années. À Damas, un congrès panarabe proclame l'indépendance de la Syrie englobant le Liban et la Palestine, et fait de Fayçal son roi. La France qui recevra mandat sur les deux pays, envoie un corps expéditionnaire en Syrie et au Liban et chasse Fayçal. La Grande-Bretagne occupe la Palestine. En Irak, Kurdes au nord et Chiites au sud se révoltent contre les Britanniques qui les bombardent avec des obus à gaz, interdits par l'article 171 du traité de Versailles mais interdits seulement aux Allemands. L'Irak est chimiquement normalisé et la Grande-Bretagne récupère Fayçal en Syrie pour le mettre sur le trône en Irak. À Jérusalem, les premières manifestations palestiniennes s'organisent contre l'immigration des Juifs chassés par les pogroms d'Ukraine. Le grand bouleversement du monde déclenché par Achim Feuerberg, Günter Hesselbach et ces millions d'Allemands qui attaquèrent la frontière belge le quatre août 1914, continue encore et toujours. Il ne semble jamais pouvoir s'arrêter comme un jeu de dominos infini, tombant d'un siècle sur l'autre. Mais c'est la paix. Ce vingt-huit juin 1919, le monde va signer la paix. Personne ne pense aux mots de l'évangile de Luc : *Friede auf Erden den Menschen guten Willens*. Paix sur la terre aux hommes de bonne volonté. Non, ce n'est pas ça. Ce n'est pas la paix sur la terre. C'est *Friede auf Krieg*. C'est « Paix sur la guerre ». Ce n'est rien d'autre et tout à la fois, c'est déjà ça.

Chapitre XVIII
Paix sur la guerre

Paris, 16, Rue de Fleurus.
27 juin 1919, 16 heures.

Pour une des premières fois de l'année, il fait chaud sur Paris, vraiment chaud, une chaleur d'avant l'orage, quand le ciel prend une couleur électrique et que les éclairs s'approchent. On signe la paix demain. C'est fini. Achim est venu rue de Fleurus préparer sa valise pour le départ. La chaleur lui a donné envie de s'étendre sur son lit. Il entend Eberman, dans la pièce à côté ; il détruit les derniers documents reçus. Eberman est silencieux depuis le départ de la délégation allemande. Lui aussi n'a qu'une envie, quitter Paris. Demain, ils vont à Versailles pour assister au final et partent ensuite chacun de son côté, Bernhard pour Berlin via la Hollande, Achim pour l'Afrique via Bordeaux. Dans sa chambre étouffante, Achim ouvre la fenêtre sur l'arrière-cour. Aucune fraîcheur n'arrive de cette canicule. Il voudrait mieux respirer, sentir le vent. Alors il monte sans bruit au dernier étage, au corridor des sous-pentes, là où dorment les Africains. De sa chambre de bonne à la porte ouverte, Koffi Olympio voit passer l'Allemand qui ne le voit pas. Achim entre dans le séchoir du fond du couloir, grimpe sur une manne à linge, ouvre la tabatière et se hisse sur le toit de zinc. Paris est à ses pieds. Il voit la pointe de la tour Eiffel. La brise caresse son visage. Il enlève sa chemise et ses chaussures, se couche sur le dos, genoux fléchis pour ne pas glisser sur la pente du toit. Son corps blanc comme du papier, blanc comme la chair des rats qu'ils mangeaient à Verdun, blanc comme une page à écrire, rougit peu à peu, par endroits, les pieds, le torse, les bras, comme si le sang revenait enfin. La chaleur pénètre comme au cœur de son corps. Il n'en aura jamais assez de chauffer ainsi au soleil. Jamais. Ça doit chauffer comme ça, là-bas, au Togo. Achim respire, les tilleuls du Luxembourg embaument l'air de juin. La rumeur de la ville arrive, assourdie, comme le tumulte lointain d'une marée. Il est heureux. Il aime Maud. Ils partiront demain. Il lui avouera tout sur le bateau. Elle ne dira rien.

Achim s'endort. Quand le tonnerre gronde, il ouvre les yeux sur le ciel assombri. La pluie tombe, éparse, caressante puis plus forte, puis en trombe, un vrai déluge ; elle tombe comme elle tombait à la fin de la toute première journée, en août Quatorze. La pluie crépite sur le zinc. Achim ferme les yeux, souriant. C'est dangereux pourtant, cette pluie battante, ce toit glissant qui ruisselle à torrents. L'Allemand s'en fout. Il n'a pas peur. Il pourrait tomber et se tuer vingt mètres plus bas. Mais ça n'arrivera pas. Il parle au fantôme de Günter : « je m'en vais aussi, petit Saxon. Je quitte le trou d'obus. Qu'ils crèvent tous. Tant pis pour l'Allemagne. Elle nous a pris notre jeunesse. Je t'ai amené à la mort pour elle. Qu'elle crève. Ils peuvent la renvoyer à l'âge de pierre, elle et son peuple absurde. Et l'Europe qui continue à jongler avec les pays comme avec des grenades dégoupillées... tant pis pour elle et tant pis pour son maître américain. Qu'ils crèvent. Je quitte l'Europe, Günter... Je fuis les cartes. Je m'en vais. Adieu mon frère. » Achim se relève. Il est trempé, la pluie glisse sur sa peau. Il repasse par la tabatière, torse nu, chemise autour du cou. Arrivé en bas, il marche dans le couloir et croise Koffi Olympio, debout devant la porte ouverte de sa chambre. Le Togolais lui tend une serviette éponge en disant : « *Wischen Sie sich ab, Achim,* essuyez-vous ». Puis il rentre dans son réduit et revient avec deux verres de thé brûlant chauffé sur un petit réchaud à charbon. Ils s'asseyent en tailleur dans le corridor et boivent le thé sucré.

— *Danke schön. Herr Olympio.* Dis-moi... Comment sais-tu que je suis Allemand ?

— Tes semblables m'ont assez tanné les côtes à Lomé. Je vous connais. J'ai observé ton ami au réfectoire. Il n'y a qu'un Allemand pour avoir besoin de deux cafetières, trois tasses et cinq cuillères pour boire un seul café… Et toi, je t'ai vu aussi. On a l'impression que tu as avalé le bâton qu'ils utilisaient pour te battre… Un vrai Prussien.

— Haha ha… J'aime la façon africaine de parler. Tu sais où je pars demain ?

— Tu pars où demain ?

— Afrique occidentale. Togoland. Ils auront bien besoin d'un traducteur franco-allemand. Avec Maud, on tente notre chance. On embarque à Bordeaux après-demain. J'aurai les billets et l'argent, une fois le traité signé. Qui sait ? Peut-être qu'on se retrouvera à Lomé ?

— J'espère que je ne t'aurai pas dans ma ligne de mire quand nous reprendrons le pays. Bonne chance, Achim.

— Bonne chance, Koffi.

Ils ont parlé essentiellement en allemand sans savoir qu'au palier, juste en dessous, la concierge de l'immeuble qui montait au séchoir s'est arrêtée et les a entendus parler. Elle est originaire du Nord de la France, elle sait très bien faire la différence entre le flamand et l'allemand. De toute façon, d'où c'est que le Noir parlerait flamand ? La concierge a compris. Elle s'éclipse en silence.

Achim quitte la rue de Fleurus et rejoint Belleville détrempée par l'orage. Le ciel redevient vide de nuages. Les rayons solaires passent sur les immeubles blancs, les fenêtres vides et les ruelles désertes. La façade de l'immeuble de Maud est comme peinte sous un morceau de ciel. Achim et Maud sont nus sur le drap blanc du grand lit. De la fenêtre ouverte, plonge la franche lumière du soir. Les rares couleurs sont vives. On dirait un tableau qu'Edward Hopper n'a pas encore peint. Le silence se colore. Un phonographe solitaire tourne quelque part. D'une fenêtre ouverte, montent les notes d'*Alcoholic blues*, ce jazz de fanfare qui annonce les Années folles. La trompette des *Louisiana Five* a une innocence de bateau à roue, un air gentil à voguer sur le Mississippi. Achim et Maud sortent enfin de leur époque. Ils glissent doucement vers l'avenir, comme des gens neufs, des gens qui vont fermer la porte sur l'Europe, quitter un continent qui ne sait plus que faire d'eux, ni eux que faire de lui.

— Maud… Tu aimes cette musique nègre ?
— Oui…
— Moi aussi. Tu crois qu'ils jouent pareil au Togo ?
— Je ne sais pas
— On ne connaît rien du monde, hein ?
— Achim… j'ai vu ton carnet un jour… Un autre jour, j'ai vu dans ta poche une photo avec une fille blonde et un autre garçon. J'ai vu ton uniforme…
— Et ?
— C'est bien que tu parles français…

Elle se tait. Août Quatorze, cet orage lointain, a avalé son homme et lui en a donné un autre. Il n'y a rien d'autre à dire. Achim est plongé dans un océan de perplexité. C'est généralement là qu'on sait qu'on doit la fermer. Maud demande d'une voix pleine d'ironie :

— Quand est-ce qu'on prend ce train pour Bordeaux, Brandbergen ? Ou Dieu sait comment tu t'appelles ?
— De… Demain soir. À 20 heures. Demain matin, je vais à Versailles avec Eberman. Je serai de retour le plus vite possible… Rejoins-moi… S'il te plaît, rejoins-moi rue de Fleurus à 17 heures. On prendra le train de nuit.
— Pas de « s'il te plaît » entre nous. Je serai là.
— Maud… Je m'appelle Achim Feuerberg.

Paris-Versailles, matin du 28 juin 1919.

Ce matin du vingt-huit juin, les écoles de France sont fermées. Comme des milliers de Parisiens, les deux Allemands entrent dans la petite gare du Champ-de-Mars et prennent la ligne des Invalides. À travers dix-sept kilomètres en Île-de-France, le train bondé avance Rive gauche, passe le tunnel de Meudon, le viaduc d'Issy et arrive en gare de Versailles. Une foule d'hommes en canotier et de femmes en chapeau à larges bords se masse dans les allées du parc. Dans la cour du château, des laquais en livrée attendent l'arrivée des officiels. Des soldats d'infanterie et des gardes républicains forment des cordons de sécurité. Les chevaux ont chaud. Des fanfares militaires jouent déjà sur les pelouses. Les drapeaux alliés flottent aux mâts et éclosent en bouquet aux réverbères du parc. Des trains spéciaux continuent à acheminer la foule. Sur la route de Suresnes, un véritable fleuve d'automobiles arrive de Paris. Feuerberg et Eberman fuient toute cette ébullition, cet avant-goût de 14 juillet. Ils marchent dans les jardins. Les eaux immobiles des grands bassins reflètent un ciel un peu gris. On ouvrira les jets d'eau plus tard, quand ce sera signé. Les arbres du parc ferment l'horizon comme des rideaux de théâtre.

La pièce commence. Au premier étage de la façade ouest du château, on ouvre les grandes fenêtres… Celles de la galerie des Glaces. C'est là que la Première Guerre mondiale s'arrête, c'est là qu'on va signer la paix. Les ambassadeurs accèdent à la galerie par le salon de la Guerre et la galerie des Batailles, comme par logique. La galerie des Glaces se remplit de redingotes, de queues-de-pie, de jaquettes noires. Les pas sont feutrés parce qu'on a cloué des tapis anciens sur le parquet. On a décoré les dix-sept embrasures des fenêtres cintrées avec des soldats des pays vainqueurs. Dans leur casaque et sous les casques, au milieu des diplomates en grande tenue, les pioupious ont l'air encore plus péquenots que d'habitude. Quelques maréchaux sont là… pour décorer, eux aussi. Mais Foch-la-colombe et Pétain-la-pétoche sont en Moselle et sur le Rhin, à la tête des armées prêtes à l'offensive, au cas où les Allemands ne signeraient pas. La salle se remplit encore. Une photo officielle archi-connue montre le moutonnement des têtes dans la galerie longue de soixante-treize mètres… et les visages qui se reflètent dans les trois cent cinquante-sept glaces. Derrière les bancs officiels, les journalistes se serrent sur des banquettes. Personne ne regarde la voûte et les fresques guerrières de Louis XIV. On ne fait pas attention non plus aux huit statues antiques de la galerie. Pourtant Némésis est bien là, déesse de la colère céleste et du châtiment des Dieux.

Et les Dieux arrivent à 14 heures 15. Clémenceau est sobre, Lloyd George sourit, creusant des sillons autour de ses yeux plissés. Wilson est grave. Le Tigre va dire quelques mots à une rangée de soldats : ce sont cinq gueules cassées, visages couturés, mâchoires détruites, œil crevé, nez arrachés. Les flashs des photographes crépitent sur ces faces ravagées. Ces mutilés sont là pour une raison qu'on comprendra tout à l'heure. En attendant que ça commence, les délégués se signent des autographes sur les bristols d'invitation. Arrive Sidney Sonnino, Juif de Florence à demi gallois, seul ministre italien qu'on avait sous la main. Les représentants des grands pays vainqueurs s'installent sur des chaises capitonnées. Clémenceau a son air furieux. Wilson a l'air de prier. Sonnino a l'air inquiet. Lloyd Georges a ses airs de séducteur. Devant lui, quelques femmes à éventail parsèment l'assemblée : madame Wilson, tout en soie grise, Madame Klotz, épouse du ministre des Finances, Mme Paderewska, femme du président de la République polonaise, et d'autres dames proustiennes donnant à la cérémonie une touche d'avant Quatorze qui n'émeut personne. Une grande table en fer à cheval occupe le milieu de la galerie. À l'intérieur du U, un petit bureau Louis XV est dressé sur une estrade haute de dix-sept centimètres. Sur ce bureau, le traité de Versailles attend comme l'évangile sur l'autel. Quatre cent quarante articles, dans un volume *in-quarto*, avec des cachets de cire rouge qui pendent comme des médailles et à côté, un encrier et un porte-plume doré. C'est aujourd'hui qu'on signe la paix.

15 heures. Les Allemands arrivent. Hermann Müller, nouveau ministre des Affaires étrangères, socialiste et Johannes Bell, ministre des Transports, centriste. Bell est aussi ministre des Colonies, c'est-à-dire de plus rien. L'histoire est si ironique... Müller est l'homme venu à Paris, cinq ans plus tôt, rencontrer les socialistes français pour tenter d'arrêter la guerre par une grève générale. C'était au lendemain de la mort de Jaurès. Et Müller vient signer la paix, dix millions de morts

plus tard. Des bruits courent dans la foule. On dit qu'au moment de signer, les délégués allemands vont tenter de tuer Clémenceau et Wilson. « Avec quoi, les stylos ? » s'amuse un soldat aux yeux tristes. Müller et Bell n'ont pas accès à l'escalier d'honneur ni à la haie des gardes républicains. Les huissiers ne les annoncent pas. On les fait passer, lentement, dans un silence de tombe, devant les cinq gueules cassées alignées au garde-à-vous. Leurs visages meurtris disent aux deux Allemands : « regardez ce que vous nous avez fait… » Müller et Bell ne les regardent pas ; ils sont tout en noir, avec des airs de notaires à un enterrement. Même des journalistes français de la droite nationaliste la plus revancharde, l'écriront : « on n'aurait pas dû les traiter comme ça. » Clémenceau, tranchant, les invite à signer. Ce qu'ils font comme des automates. Ils signent les premiers à la page 223, la dernière page. Puis on les fait asseoir sur deux petites chaises entre les délégations japonaise et brésilienne. Personne ne leur parle, tout le monde les regarde, jusqu'au moment où les Quatre Grands se lèvent et signent le traité. Puis c'est au tour des délégués des dominions : Indiens, Australiens, Néo-Zélandais, Canadiens. Puis les délégués du Japon. Puis les représentants des petits pays : Belges, Slaves, Portugais, Roumains, Sud-Américains, Siamois, Libériens, Grecs, Arabes et Haïtiens… Mais on ne les attend pas : dans les jardins, des salves d'artillerie annoncent déjà au monde qu'il est en paix. On tire quatre-cent-quarante coups, un pour chaque article. Les délégués des petits pays signent au son du canon ([15]). Enfin, c'est au tour du délégué de l'Uruguay, dernier pays de la liste alphabétique, de signer. Ça y est, c'est fait. La Paix est signée sur la Guerre.

À Paris-Belleville, Maud Varlin a traîné au lit. Sa valise est faite. Elle n'emporte pas grand-chose, elle ne possède pas grand-chose et ne sait pas si elle part pour dix semaines ou dix ans. Elle se lève et s'étire langoureusement. Elle entend la canonnade. On tire au canon pour

---

([15]) Excepté les Chinois qui ont refusé d'apposer leurs pictogrammes sur le contrat qui aliène leur pays aux Japonais ; dans le traité, au milieu des soixante-sept signatures, on pouvait lire en dessous d'une demi-page vide : *emplacement prévu pour la Chine.*

annoncer la nouvelle. On a signé la paix. C'est fait. Un frémissement de foule lui parvient de la rue. Les gens crient leur joie, les hommes lancent leur canotier en l'air. Maud soupire. C'est fini. Elle se lève et voit une feuille de papier laissée par Achim sur le lavabo de la chambre. Il est écrit : « Maud, j'ai trouvé pourquoi la Commune de Paris avait abattu la colonne Vendôme. Voilà le texte de leur proclamation du 12 avril 1871. À tout à l'heure. Achim. »

Elle sourit parce qu'il s'est souvenu de ce qu'elle lui avait demandé, au tout début d'eux. Elle lit le petit texte, toute seule, timide, solennelle, comme si elle était au tableau devant la classe. Dehors les canons tonnent toujours. Elle lit ce texte vieux de cinquante ans : « La Commune de Paris ordonne la destruction de la colonne Vendôme érigée en souvenir de la victoire sur les États allemands. La Commune considère que c'est un monument de barbarie, un symbole de force brute, de fausse gloire, une affirmation du militarisme, une négation du droit international, une insulte permanente des vainqueurs aux vaincus… un attentat perpétuel à la fraternité… »

Maud pose la feuille sur ses genoux. Les mots résonnent encore en elle : fausse gloire, militarisme, négation du droit, insulte aux vaincus, attentat perpétuel à la fraternité… À Versailles, au même moment, on dit aux délégués allemands de sortir discrètement. Personne ne les salue. On sable le champagne ; les chefs des États vainqueurs se félicitent entre eux pendant que les Allemands sortent tête basse. Bernhard, depuis la foule massée sur l'esplanade, voit passer au loin Hermann Müller, celui qu'il avait accompagné à la gare de Berlin, le vendredi trente-et-un juillet 1914, pour le voyage de la dernière chance vers Paris. Eberman l'apprendra plus tard : Müller rentré à son hôtel versaillais, s'effondrera en larmes, en proie à une interminable crise de nerfs. Il est 15 heures 50. La séance est levée à la galerie des Glaces. Trois hommes apparaissent sur l'escalier de la terrasse du château : Clemenceau, Wilson et Lloyd George. La foule des civils et des soldats se précipite pour les acclamer follement. Des escadrilles d'avions alliés passent devant le soleil. Les grandes eaux jaillissent soudain des statues des fontaines et lancent leurs gerbes vers le ciel. La foule applaudit à tout rompre. Toutes les cloches de France se mettent à sonner. Une ambiance de bal populaire se répand. Le grand Woodrow Wilson, fatigué, souriant, prend un bain de foule. Mais très vite, il quitte Versailles pour un discours au Sénat français. Après les réceptions parisiennes du soir, il rejoindra Brest où l'attend son bateau pour New York. Il est soulagé, il repart enfin aux USA. Il rentre amer, incompris, physiquement et nerveusement épuisé. Dans soixante-six jours il sera terrassé par une attaque cérébrale lors d'une tournée pour la promotion du traité de Versailles. Un traité que les USA ne ratifieront jamais ([16]). C'est un Wilson infirme et presque aveugle qui recevra le Prix Nobel de la Paix. Clémenceau, retiré de la vie politique, vivra encore dix ans. Il fréquentera Basil Zaharoff, le plus grand marchand de canons du monde, actionnaire de la firme d'armement Vickers où travaillait son fils unique. Llyod Georges se maintiendra au pouvoir jusque 1922 et deviendra un jour le plus vieux député de Grande-Bretagne. En septembre 1936, il rencontrera Hitler à Berchtesgaden ; il en fera un portrait élogieux dans le *Daily Express*. En 1941, il conseillera à Churchill de négocier avec l'Allemagne nazie... un traité de paix. À cette époque, Hitler s'était fait livrer l'original du traité de Versailles ; les nazis s'en étaient emparés en août 1940. On ne l'a jamais retrouvé. Il a probablement péri dans Berlin en flammes en avril 1945.

Versailles, vingt-huit juin 1919... La galerie des Glaces se vide. Le soleil passe sur les arbres du parc. Les moineaux pépient comme s'ils avaient signé la paix universelle. Dans la foule, Bernhard se retourne. Achim n'est plus là. Il est parti pour Paris. Depuis longtemps, depuis la canonnade qui lui a fait rentrer la tête dans les épaules. Le château

---

([16]) Traité de Versailles et Pacte de la SDN seront rejetés par le Congrès américain le 19 mars 1920. Il aura manqué sept voix à leur ratification. Les USA signeront une paix séparée avec l'Allemagne et ne feront jamais partie d'une SDN qu'ils avaient imaginée comme le fondement de la paix universelle.

de Versailles redevient peu à peu désert. Une immense solitude envahit Eberman. Il quitte le parc, hagard, le pas hésitant. Il n'est déjà plus qu'une petite tache noire dans une allée vide. Achim, lui, marche déjà d'un pas décidé vers la gare. Il aime le miroitement des feuilles des peupliers, le balancement des cimes, les troncs qui fusent comme des colonnes dans le ciel. L'après-midi a eu l'effet d'une dernière délivrance. Maintenant, il est libre ; il peut foutre le camp, laisser tout derrière lui. Même le trou d'obus, il arrivera sûrement un jour à l'oublier quelques heures de suite. Il rêve. Ce soir, il part avec Maud. C'est fini. Ils ne le sauront jamais ni l'un ni l'autre et qu'importe, mais le lieutenant Feuerberg et le capitaine Rosenfeld viennent de se croiser en gare de Versailles. Comme tant d'autres soldats vainqueurs, Marc est venu au spectacle d'où il est reparti le cœur étrangement lourd.

Achim arrive enfin rue de Fleurus. Il fait claquer ses souliers sur le pavé du porche, monte à sa chambre, met son carnet dans une enveloppe en papier kraft, une enveloppe destinée à Sybille. Eberman doit l'emporter avec lui. Il pose la photo de Mazurie sur sa table de chevet, se demandant s'il va la mettre dans le courrier pour Sybille ou la garder avec lui… Il se lave au baquet d'eau froide. On frappe. Maud ! Elle est venue. Achim noue une serviette autour de sa taille. Il ouvre la porte dans un sourire. C'est à ce moment-là qu'il reçoit le premier coup de couteau.

Chapitre XIX
Extinction des feux sur la montagne

Paris-Belleville. Aux Buttes Chaumont.
10 mai 1921, en plein soleil de midi.

Aux frémissements de ce printemps 1921, le capitaine Marc Rosenfeld songe à quitter l'armée. Il va boucler l'affaire Feuerberg et s'en aller. Il est déjà en civil d'ailleurs, costume brun, chapeau années 1920, chaussures marron et beige clair. Ça lui va plutôt bien de se civiliser. Antoine Savignac a insisté : « pas de képi sinon pas de témoin. Rendez-vous aux Buttes Chaumont. » Voilà une demi-heure qu'il attend sur un banc, le long de l'étang. Le parc sent le chèvrefeuille, la sève ambrée des pins. Marc sourit tout seul sur son banc. Il vient de se rappeler que le faux temple qu'il voit là-haut, sur l'île du Belvédère, s'appelle... le temple de Sibylle. Maud arrive. Elle a ce style singulier, un chapeau cloche de feutre gris, une veste courte, une jupe longue et un air inquiet. Elle s'assied à côté du militaire civilisé. De longues secondes passent, une minute, peut-être...

— C'est la première fois que je suis convoquée par un flic dans un parc, Monsieur Rosenfeld.

— Je ne suis pas exactement flic, Madame Varlin. Ce n'est pas moi qui ai choisi l'endroit et ce n'est pas vraiment une convocation. Plutôt... Une invitation.

— Une invitation à quoi ?

— À parler. J'ai mis du temps à vous rencontrer. Voilà près de deux ans que Joachim est mort. Alors, dites-moi, Maud, pourquoi vous cachiez-vous ?

— J'avais peur, Monsieur. Antoine a dit que vous ne me feriez pas de problème. Exact ?

— Ça dependra quand même de ce que vous allez me dire. Je suppose que vous ne saviez pas qui était vraiment Achim Feuerberg, n'est-ce pas ?

— Non. Je ne le savais pas.

— C'est Antoine qui vous a conseillé de disparaître ?

— Vous n'y êtes pas. C'est moi qui ne voulais plus être mêlée à tout ça, après ce qui est arrivé. Antoine m'a retrouvée et il m'a aidée. Foutez-lui la paix.

— Ne vous inquiétez pas trop ; je n'ai presque rien dans mon dossier pour épingler Savignac. Une photo avec Feuerberg au Grand Hôtel. Et après ? Fréquenter un faux Belge n'est pas un crime...

Rosenfeld sort son étui, propose une cigarette à Maud qui décline, allume son anglaise et sans plus attendre, demande :

— Qui a tué Feuerberg, Maud ?

Maud ne regarde pas le capitaine dans les yeux. Elle regarde la poussière du sol. Elle se sent piégée, malgré la voix chaude de Marc, ses bonnes manières, sa prévenance, son costume civil. Voilà deux ans qu'elle vit dans les faubourgs de Paris. Elle parle d'une voix précipitée...

— Quand je suis venue à l'appartement, je l'ai trouvé couché dans une mare de sang. Ils l'avaient poignardé comme, comme...

— Qui, ils ?

— Tous... Des gens de l'immeuble. Ou d'ailleurs. Des gens... rameutés par la concierge. Ils l'ont massacré, Monsieur. Quand je suis arrivée rue de Fleurus avec ma valise, il vivait encore un peu. Il m'a dit au revoir.

— Avec votre valise ? Vous partiez ?

— Oui. On devait partir. Connaître le monde... Qu'importe à présent...

— Comment savez-vous qu'ils l'ont tué ? Vous étiez là ?

— Non. Je n'étais pas là ! Je n'étais pas là ! Je les ai croisés dans l'escalier. Je montais ; ils descendaient bruyamment. Ils avaient leurs couteaux en main, avec du sang dessus. Des baïonnettes… J'ai vu la porte ouverte. Je me suis précipitée, Achim était étendu sur le sol. On a échangé quelques mots et je suis ressortie. Je voulais aller chercher du secours. La police. Un médecin… Et après…

— Après ?

— En me voyant redescendre, la concierge qui m'avait déjà vue avec Achim, a gueulé que j'étais la pute du Boche, la femelle du cochon, des choses comme ça. Alors, ils sont sortis du réfectoire. Pour me faire violence. Ils me donnaient des coups, tiraient sur mes vêtements ; ils voulaient me couper les cheveux, écrire des choses sur mon front… C'était… horrible. J'ai eu si peur… Mon Dieu, comme j'ai eu peur…

— Qu'est-ce qui s'est passé ensuite ?

— Ensuite, d'autres locataires sont arrivés. Ils avaient entendu mes cris. Il y avait le grand Noir qui causait parfois avec Achim, d'autres gens. Ils sont venus me défendre. Ils m'ont tirée d'affaire. En repoussant les autres. Pendant qu'ils les retenaient, j'ai filé. Dans la rue, j'ai vu le type qui logeait avec Achim.

— Eberman ?

— Je ne connais pas ce nom. Achim disait Van Eber. Il filait lui aussi. Il m'a dit qu'il revenait de Versailles. Je crois qu'il a profité de la bagarre pour chercher ses affaires. Il s'est sauvé. Moi, je suis allée au commissariat dire que Joachim était blessé, qu'il fallait un médecin.

— Exact. Au Commissariat du Sixième arrondissement, vous avez simplement dit qu'un homme était blessé, au seize, rue de Fleurus. Vous m'avez rien dit d'autre. Vous n'avez pas du tout parlé de ses assaillants comme vous venez de le faire.

— Non. J'avais peur. Peur qu'on m'arrête.

— Quand la police est arrivée dans l'immeuble, tout le monde avait disparu. Même la concierge. Joachim était mort. Personne n'avait rien vu. Personne n'a témoigné…

Paris, rue de Fleurus.
28 juin 1919, 18 heures

Le premier à frapper est coursier dans un quotidien parisien ; il a perdu ses deux frères en Champagne, l'un au début, l'autre à la fin. Le second à porter un coup est représentant en cires pour parquets. Célibataire, fils unique et réformé, la guerre, il l'a juste vu passer mais c'est un patriote. Achim, torse nu, blessé, recule et se tient à la table, les mains crispées sur le rebord. C'est là qu'il reçoit le premier coup mortel. Dans le ventre. Un représentant de commerce de Périgueux lui plonge sa baïonnette dans l'estomac. La femme qu'il aimait n'avait pas attendu son retour du front ; elle était partie avec un civil de l'arrière. Il lui plante la baïonnette qu'il a ramenée en souvenir du front des Vosges. La concierge fait le guet dans le couloir. Elle était couturière dans la région d'Arras. Avant que la guerre ne détruise sa maison, ne disperse sa famille et ne la jette dans la débrouille parisienne. C'est elle qui a constitué cette brigade punitive quand elle a compris que son locataire venait d'Allemagne. Elle a rameuté des gens ; elle a réuni une meute. Un Italien de Milan perce le poumon d'Achim avec un couteau de cuisine. Il a fait ça toute la guerre, nettoyeur de tranchées. Il y a pris goût. Achim tombe par terre. Ils y vont à coups de pied maintenant. Un Serbe lui éclate la rate. Un Anglais lui casse le nez. Un Belge lui déchire l'oreille à coups de botte. Il sent tous ces coups. Son corps n'est plus qu'un tissu de souffrances. Il regarde encore, les yeux sidérés. Un agent de change de Toulouse a aussi un couteau à la main mais lui ne frappe pas, ne cogne pas. C'est un petit homme à moustache fine, à casquette à carreaux. Il est revenu vivant, il ne sait pas comment, du Chemin des Dames. Achim, à terre, a du sang plein les conduits auditifs ; il n'entend presque plus rien. Il lit sur les lèvres du Toulousain qui murmure ou qui crie, les yeux pleins de tristesse et de terreur : « assez, assez, assez… » Dehors la concierge siffle. Quelqu'un vient. On a allumé la lumière de l'escalier. Ils sortent en désordre. Les Troyens laissent Ulysse quasiment mort.

Maud est surprise d'entendre le bruit d'une course à dix dans l'escalier. Ils dévalent les marches devant elle. Elle baisse les yeux, elle porte un chapeau ; personne ne la reconnaît encore. Elle voit luire une baïonnette, rougir un couteau. Ils sont passés si vite, comme des ombres. Elle a une terrible angoisse au ventre. Elle court vers la porte laissée ouverte. Au milieu de l'appartement, Achim baigne dans son sang. Il a encore un peu de vie en lui. Son visage est tuméfié par les coups. Il garde la main posée sur son ventre nu. Son torse blanc est rouge à présent. Elle se penche sur lui, n'ose pas toucher son corps ensanglanté, semé de trous noirs d'où suppure un sang épais. Il articule d'un filet de voix :

— Va-t'en Maud. Si on te trouve ici, on croira que tu m'as fait la peau...

— Peut-être bien qu'ils me donneront une médaille...

— Ça, c'est drôle, *meine Liebe*. Va-t'en, Maud.

— Je vais chercher du secours. Je reviens.

— *Auf Wiedersehen*, chérie.

— Je reviens.

Elle part à la recherche folle d'un médecin. Laissé seul à nouveau, Feuerberg laisse tomber la main au plancher. Un soubresaut de sang sort de sa plaie au ventre. Il va mourir. Comme tous les autres, ceux des sous-bois, des trous d'obus, des tranchées, des casemates. Le sang coule sur le plancher. La mort n'est pas silencieuse. Achim entend des cris dans la cour. On se bat devant le réfectoire. On entend des gens qui courent sur le pavé. Achim entend résonner des pas, des centaines de pas, dans les couloirs d'un pensionnat ; il entend des cris d'enfants dans une cour, tout un vacarme d'écoliers courant sous les marronniers. Tiens... Eberman affolé vient d'entrer. Il le regarde, terrifié. Il prend sa valise, la lettre pour Sybille sur la table, la lettre qui raconte la mort de Günter, il prend l'argent, les billets pour le Togo. Il laisse la photo sur la table. Il disparaît. Mais ? Voilà Günter qui entre. Il est là debout dans la chambre. Il a son visage d'avant. Avant... Il parle sans qu'aucun son ne sorte de sa bouche. Ou alors Achim n'entend pas. Günter sourit. Derrière lui, les soldats du trou d'obus sont là aussi. Et le jeune Alsacien. Et le jeune Indochinois. Et Antoine Savignac, en bleu horizon, avec son air habituel de dire qu'on est tous des cons. Koffi Olympio arrive avec ses belles volutes sur les joues. Il n'entend pas sa belle voix. Voilà le petit télégraphiste de cette gare perdue dans les campagnes et la jeune villageoise belge, celle qui leur avait servi du vin frais au début, au tout début. Est-ce parce qu'elle est morte, elle aussi, qu'elle est là ? La mère d'Achim entre. Elle murmure. Ses lèvres bougent mais il n'entend rien. Quelle langue parle-t-elle avec ce sourire qui lui brille jusqu'aux yeux ? Achim est envahi d'une chaleur intense. La chaleur de l'été, l'été de ses vingt-trois ans, la chaleur de la clairière, là où ils avaient pris la photo dans la lumière du plus bel été du siècle, l'été 1914, le dernier été du monde. Sybille est venue enfin. Avec ses yeux de pierre au soleil. Elle met la main autour de la taille de Günter. Ils semblent lui dire de venir. Pour prendre la pause… oui… avec eux. Et Maud… Maud est revenue. Elle est au milieu de la pièce… Elle lui parle aussi. Quel beau visage aux yeux chauds, de ces beaux yeux qui pardonnent. Ou disent pardon. Mais ses yeux s'assombrissent. La lumière tombe. La chaleur de l'été s'enfuit. Le froid, le froid du trou d'obus, le froid de la nuit l'envahit, la nuit noire, la nuit du blockhaus, la nuit du dortoir, après l'extinction des feux. Puis Achim se rend compte qu'il n'a plus ni froid ni chaud ; il est comme on s'endort. Ils sont tous là, à présent. Il y a des millions de gens. Tous ceux de Quatorze sont là. Achim ne saura plus jamais rien. Ou bien, il va enfin savoir. Savoir s'il entendra à nouveau… Leurs voix.

Épilogue

Sybille Hesselbach et son ex-étudiant de Fribourg émigrèrent aux USA en 1933, fuyant la nazification complète de l'Allemagne. Ils fréquentèrent la colonie allemande en exil des Côtes Est et Ouest, les frères Mann, Berthold Brecht, Hannah Arendt… Sybille eut d'autres amants, d'autres vies ; elle ne se maria jamais, n'eut jamais d'enfant. Elle enseigna, vécut, voyagea, écrivit et mourut. Elle disparut dans les années 1950 sans laisser de traces. Elle avait toujours la photographie de Mazurie. Elle n'avait oublié aucune voix.

Resté seul en Allemagne, son père, Friedrich Hesselbach, poursuivit ses affaires sous la République de Weimar puis sous le régime nazi. Il fournit la SS en matériel. Il mourut en 1947 dans sa villa de Wannsee épargnée par la bataille de Berlin. Il ne fut jamais inquiété par aucun tribunal, ni celui de Nuremberg, ni celui de Versailles. À ce propos, l'Allemagne de 1919 n'extrada aucun de ses huit cent quatre-vingt-seize ressortissants accusés de crimes de guerre. Elle en déférera quarante-cinq devant ses propres tribunaux. Le tribunal de Leipzig, qui siégea du 23 mai au 16 juillet 1921, n'en jugea que douze : six furent acquittés et six condamnés à des peines très légères.

Bernhard Eberman n'eut pas le temps de vérifier si ses prédictions allemandes allaient se réaliser. Comme Matthias Erzberger et Walther Rathenau, leaders de la République de Weimar, Eberman fut assassiné à l'arme automatique le 11 août 1922 par l'organisation *Consul*, groupe paramilitaire de *Freikorps* préfigurant plus ou moins les nazis. On ne sait pas s'il goûta l'ironie de finir comme Rosa Luxemburg et Karl Liebknecht.

Le capitaine Marc Rosenfeld transmit à la police judiciaire les noms d'éventuels suspects qui figuraient dans le registre du seize de la rue de Fleurus. Il ne révéla jamais le rôle joué par les Savignac père et fils ni aucun autre dessous de l'affaire. Juste sa conclusion. L'affaire échut à un préretraité de la Criminelle, puis à un débutant puis aux archives où elle tomba dans l'oubli. Rosenfeld ne quitta pas l'armée mais quitta le renseignement militaire. Il partit au Proche-Orient dans les années 1920. Il revint, se maria sur le tard, eut des enfants. Il a été tué aux premiers jours de la campagne de mai 1940. Sa femme et ses enfants survécurent à la guerre, cachés dans une campagne, loin des rafles, des étoiles jaunes et des camps de la mort. Le souvenir même d'avoir été Juif allemand s'effaça de cette famille.

Antoine Savignac a revu et revécu la guerre. Celle d'Espagne où il s'engagea dans les Brigades internationales à Barcelone. Par un hasard de livraison d'armes aux Baléares en 1936, en pleine attaque de l'aviation fasciste italienne, Savignac assista à l'exécution de Raoul Villain qui vivait à Ibiza dans une sorte de refuge artistique. Ce jour-là, les anarchistes espagnols vengèrent Jean Jaurès en assassinant son assassin. Antoine Savignac ne croyait toujours pas à la fraternité. Juste à la lutte. Dans les années 1950, il luttait encore…

Koffi Olympio fût arrêté en 1920 après avoir organisé les manifestations pour le rattachement du Togoland britannique au Togoland français. Remis en liberté, il écrivit le premier lexique franco-éwé, publié à Lomé en 1923. Trente ans durant, il a maintenu l'élan anticolonial dans diverses organisations côtières. Il était aux côtés de Kwamé Nkrumah en avril 1958, à Accra, capitale du Ghana ex Gold Coast. C'était lors de la Conférence des États d'Afrique à laquelle participèrent quantité de délégués de pays en voie d'exister, trente ans après le premier Congrès panafricain de Paris.

Les noms d'Achim Feuerberg et de Günter Hesselbach disparurent à jamais d'Allemagne mais aussi de France puisque leurs corps sont dans des fosses communes et que leurs noms ne figurent sur aucune croix, aucun ossuaire. *Known only to God*. Dans les années 1950, à Paris, du côté de l'Astoria, on voyait parfois une vieille dame en noir dans le jardin d'hiver d'un vieil hôtel. Elle aimait cette douce ambiance tropicale. Elle vivait près des Buttes Chaumont. Elle s'appelait Maud Varlin.

Il y a quarante ans, dans un village wallon, une grand-mère vivait avec sa famille. Le plus jeune des quatre enfants était souvent assis dans la petite cuisine ; aux fourneaux, Léontine lui racontait sa vie. Elle avait eu quatorze ans le quatre juillet 1914. La guerre allait prendre sa sœur Caroline, son père Simon et son frère Jules, déporté par les Allemands. Un jour d'août 1914, elle les avait vus arriver dans le village, comme une horde… Ce livre t'est dédié, toi avec qui j'ai tant vécu et qui avais vécu ce temps.

Table des matières

Sybille 11
Deux Allemands 17
Berlin-la-Rouge 27
Enfances 37
Le plus bel été du siècle 49
Deux Français 63
Guerre à la Guerre 77
Lignes de feu 85
Les chiens de meute 93
Paris-la-Blanche 113
L'horloge 123
Maud 137
Les scarifiés 153
La liste 165
Les Dieux des cartes 173
L'interrogatoire 187
La délégation 197
Paix sur la guerre 211
Extinction des feux sur la montagne 221
Épilogue 227

Parus dans la collection « Littératures »

Marie-Astrid Roba, *Marées basses*. ISBN : 978-2-8061-0495-3 • 2019 • 136 pages • 14 €.

Marianne Sluszny, *Le banc*. ISBN : 978-2-8061-0489-2 • 2019 • 182 pages • 17,50 €.

Annick Van Damme, *Sois mon fou*. ISBN : 978-2-8061-0484-7 • 2019 • 260 pages • 22 €.

Martine Lambert, *Corps présent. Une chronique familiale*. ISBN : 978-2-8061-0490-8 • 2019 • 190 pages • 18 €.

André Philippart, *Laslo ou l'infortune d'un enfant de migrant*. ISBN : 978-2-8061-0478-6 • 2019 • 160 pages • 16,50 €.

Jacinthe Mazzocchetti, *Là où le soleil ne brûle pas*. ISBN : 978-2-8061-0460-1 • 2019 • 138 pages • 14 €.

...

Retrouvez toutes nos publications sur www.editions-academia.be.